トーキョーバル

進化するバル・バールのメニューとデザイン

柴田書店

はじめに

　トーキョーバル——現代的に、日本的にアップデートされたバル・バール文化を本書ではそう呼びます。キーワードは"バラエティ"。ブームの牽引役であるスペインはもちろん、イタリア、フランス、無国籍と料理のジャンルは広がり、本場志向、アイデア料理、魚介料理専門などあらゆるスタイルの店が誕生しています。トレンドの移り変わりが激しい東京、独特の食文化を有する京都や大阪を中心に、街のニーズに応えつつオンリーワンの店づくりを志向する流れが生まれ、顔ぶれがどんどん賑やかになっているのです。

　本書ではシーンを彩る東西の人気20店を取材しています。各店のメニューを通じて見えてくるのは、バル・バールが絶妙なバランスのもとに成立していること。従来の洋風居酒屋にはなかった小粋なつまみとバリューワインを気軽に楽しめるのがバル・バールの魅力。一方で、「骨太な肉料理を食べたい」「締めにパスタを食べたい」「もっとめずらしいワインを飲みたい」などの声も往々にして上がるもの。酒飲みのわがままに応える柔軟性も必要ですが、ともすればビストロやトラットリア、ワインバーなどのスタイルに寄ってしまう。あくまで居酒屋としての着地点を狙い、バランスをとることが大切なのです。

　人気店は店づくりの重要性も教えてくれます。客席をぎゅうぎゅうに詰めて賑やかさを演出したり、カウンター席をメインにしてスタッフとお客の距離を縮めたり、立ち飲みオンリーにしてカジュアルさを際立たせたり……そんな工夫の数々が、一見さんですら"なじみの店"と錯覚してしまうような、居心地のよい空間を生み出すのです。

　スペインバルブームに続くニッポンのバル・バールの第二章、「トーキョーバル」の幕開け。百花繚乱な200品と個性あふれる20店の店づくりをお楽しみください。

目 次

＊頁数が2つの場合は左が写真、右がレシピ掲載頁

トーキョーバル スタイル20選

三鷹バル［東京・三鷹］…… 46

世田谷バル［東京・代田］…… 48

キッチン セロ［東京・目黒］…… 50

日仏食堂 トロワ［東京・三軒茶屋］…… 52

魚河岸バル 築地タマトミ［東京・築地］…… 82

カレーとワイン ポール［東京・新富町］…… 84

富士屋本店ワインバー［東京・渋谷］…… 86

マル2階［東京・八丁堀］…… 88

フリーゴ［京都・出町柳］…… 116

ポキート［京都・三条］…… 118

エル プルポ［東京・神楽坂］…… 120

エル ブエイ［東京・神楽坂］…… 122

バル デ エスパーニャ ペロ［東京・銀座］…… 158

スペインバル＆レストラン バニュルス
［東京・銀座］…… 160

リンコン カタルーニャ［大阪・京橋］…… 162

エル ポニエンテ ゴソ［大阪・北浜］…… 164

イタリアンバール ラ ヴィオラ［東京・銀座］…… 188

バール タッチョモ［東京・高円寺］…… 190

トラットリア・バール イル ギオットーネ
［京都・四条］…… 192

イル ランポ［京都・姉小路］…… 194

トーキョーバル ヒットメニュー200

1 一口前菜、小皿料理

赤ピーマンのペペロナータ …… 12, 14

ドライいちじくのラム酒漬け …… 12, 14

焼き野菜のマリネ …… 12, 14

オリーブマリネ …… 12, 14

プチトマトのピクルス …… 12, 14

自家製ドライトマト …… 12, 14

ごぼうとドライトマト …… 13, 15

さつまいものオレンジ煮（マーマレード風味）…… 13, 15

長芋のコンフィ 粒マスタード風味 …… 13, 15

ほくほく里いものアイヨリソースがけ …… 13, 15

タコとじゃがいものサルサヴェルデ …… 13, 15

アンチョビポテト …… 13, 15

空豆と生ハムのサラダ …… 16, 18

新玉ねぎのリピエネ …… 16, 18

山うどと鶏肉
クミン風味のマヨネーズあえ …… 16, 18

カンタブリア産極上アンチョビ …… 16, 18

ヴィッテロ・トンナート …… 16, 18

茹で卵とアンチョビ …… 16, 18

サルシッチャ・ホウレン草・リコッタチーズの
ロートロ …… 17, 19

ナツメヤシのベーコン巻き …… 17, 19

なんこつのアーリオ・オーリオ …… 17, 19

空豆のディップ …… 17, 19

きのこのマリネ …… 17, 19

生ハム 取り扱いのコツ …… 20

2 サラダ

フレッシュマッシュルームの
アンチョビガーリックオイルがけ …… 22, 24

セルバチコサラダ …… 22, 24

コールスロー …… 22, 24

ロシア風ポテトサラダ …… 22, 24

塩タラとトマトのサラダ …… 23, 25

豆のサラダ …… 23, 25

トレヴィスとグァンチャーレのサラダ …… 23, 25

アンディーブのサラダ …… 23, 25

ほたるいかと春野菜のサラダ …… 26, 27

ヒヨコ豆のサラダ …… 26, 27

あぶり上ミノとハーブのサラダ …… 26, 28

アボカドと魚介のサラダ …… 26, 28

3 野菜のつまみ

季節の野菜とアンチョビクリームディップ …… 30, 32

トマトの黒オリーブあえ …… 30, 32

根菜のピクルス …… 30, 32

産地直送 新鮮野菜の
バーニャカウダソース …… 30, 32

ホワイトアスパラのガスパチョマリネ …… 31, 33

ナスのバルサミコマリネ 生ハムのせ …… 31, 33

白ねぎのマリネ …… 31, 33

ガスパチョ …… 34, 36

ガスパチョ 海の幸を添えて …… 34, 36

芽キャベツのブレゼ …… 35, 37

焼きヒメダケ＆焼きヤングコーン …… 35, 37

アボカドとトマトのヤキレーゼ …… 35, 37

パドロン …… 35, 37

オリーブフリット …… 38, 40

フリットオリーブ …… 38, 40

いろいろキノコのクミン風味 …… 38, 40

マッシュルームの生ハム詰め焼き …… 38, 40

カブのロースト …… 39, 41

こんにゃくのゴルゴンゾーラソース …… 39, 41

にんにくのスープ …… 39, 41

玉葱のキッシュ …… 42, 44

茄子と鴨のラグーの
モッツァレラグラタン …… 42, 44

ひよこ豆とソーセージのカレー風味
チリビーンズ …… 43, 45

焼きリボリータ …… 43, 45

4 パンのつまみ

若鶏のレバーといろいろきのこのパテ …… 56, 58

鶏白レバームースのクロスティーニ …… 56, 58

レバーパテ …… 56, 58

ハムス …… 57, 59

空豆ムースのクロスティーニ …… 57, 59

自家製チーズ …… 57, 59

ピーマンとアンチョビのピンチョス …… 60, 62

かにカマサラダのピンチョス …… 60, 62

ソーセージのピンチョス …… 60, 62

カナッペ ゴーダチーズとサラミ …… 61, 63

カナッペ ガーリックトースト …… 61, 63

カナッペ 生ハムとトマト …… 61, 63

カナッペ オリーブとアンチョビ …… 61, 63

パンコントマテ …… 64, 66

日本一のパンコントマテ …… 64, 66

自家製ソーセージ …… 64, 66

おつまみピッツァ カレー風味 …… 65, 67

おつまみピッツァ グァンチャーレ …… 65, 67

ゴルゴンゾーラとハチミツのピッツァ …… 65, 67

オリーブとアンチョビのピッツァ …… 65, 67

ピッツァ シチリアーナ …… 68, 69

ズッキーニとベーコンのパニーノ …… 68, 69

ミックスコカ …… 68, 70

5 卵、ジャガイモ、チーズのつまみ

エビとアスパラの平たいオムレツ …… 72, 74

イワシ入りオムレツ …… 72, 74

こだわり卵のスパニッシュオムレツ …… 72, 74

ハーブのプリン ゴルゴンゾーラソース …… 73, 75

とん平焼き …… 73, 75

オリエンタルポテフリ …… 73, 75

ジャガイモ・生ハム・卵の
エストレジャードス No.4 …… 76, 78

小いものフリット ブラバスソース添え …… 76, 78

じゃがいもとポルチーニのコロッケ …… 76, 78

生ハムコロッケ …… 77, 79

カラブリア風
山羊のチーズとトマトの温製 …… 77, 79

じゃがいもとブルーチーズの
ドフィノワ風グラタン …… 77, 79

マッシュポテトと挽肉のグラタン …… 80, 81

6 魚のつまみ

うにのプリン …… 92, 94

貝とえびの塩ゆで …… 92, 94

スペイン産小いわしのマリネ …… 92, 94

ヒラメのカルパッチョ …… 93, 95

鰹とコリアンダーのカルパッチョ …… 93, 95

生ハムで締めた真ダイのカルパッチョ …… 93, 95

タイラ貝のカルパッチョ …… 93, 95

魚介のサルピコン …… 96, 98

ヒコイワシのマリネ …… 96, 98

トリ貝と筍の子、菜の花、
シードラのジュレ和え …… 96, 98

マグロの生ハム …… 96, 98

カサゴのパテ …… 97, 99

フォワグラと穴子のテリーヌ …… 97, 99

エスカベッシュ …… 97, 99

カニのクレープ包み …… 100, 102

ウナギのライスバーガー …… 101, 103

アサリのマリナーラ風 …… 104, 106

活浅蜊のココット蒸し …… 104, 106

ムール貝の怒りん坊風 …… 104, 106

白バイ貝のハーブボイル …… 104, 106

釜あげしらうおのにんにく炒め …… 105, 107

あぶりタコのガリシア風 …… 105, 107

はまぐりとホワイトアスパラの
白ワイン蒸し …… 105, 107

ツブ貝とタケノコのソテー …… 105, 107

フリットミックス …… 108, 110

たらとじゃがいものフリット …… 108, 110

稚鮎のフリット …… 108, 110

マグロ、アボカド、トマトのわさび揚げ …… 108, 110

アンダルシア風かき揚げ …… 109, 111

牡蠣のムニエル …… 109, 111

桜海老のガレット …… 109, 111

マグロのアラ炭火焼き …… 109, 111

蛸とジャガイモのトマト煮込み …… 112, 114

ほたるいかと菜の花のアヒージョ …… 112, 114

車えびのにんにくオイル煮 …… 112, 114

マンボウのトリッパ …… 113, 115

7 肉のつまみ

イベリコハムとポテト、しし唐 …… 126, 128

牛肉の自家製ハム …… 127, 128

鴨胸肉のブレザオラとモスタルダ …… 127, 129

ゆっくり焼いたローストポーク …… 127, 129

自家製ソーセージ …… 130, 132

鴨のソーセージ …… 130, 132

吉田豚と鶏白レバーのパテ …… 131, 133

鴨のコンフィとキノコのソテー …… 134, 136

モルーノ …… 134, 136

豚耳のプランチャ …… 135, 137

トリッパのソテー …… 135, 137

仔牛のミラノ風カツレツ …… 138, 140

砂肝の唐揚げ …… 138, 140

フライドチキン イタリアーノ！ …… 138, 140

とろーりチーズとバジルのカツレツ …… 138, 141

三笠会館伝統の味 鶏の唐揚げ …… 139, 141

牛バラ肉の赤ワイン煮込み …… 142, 144

鶏の煮込み …… 143, 144

白インゲン豆と塩豚の煮込み …… 143, 145

ウサギのビール煮込み …… 146, 148

スペイン風ミートボール …… 146, 148

ラムボール
〜ポルチーニのクリーム煮〜 …… 147, 149

ポキート煮込み …… 147, 149

ミノの煮込み …… 150, 152

フィレンツェ風トリッパのトマト煮込み …… 150, 153

カジョスのグラタン …… 151, 153

一押しもつ煮こみ …… 154, 156

銀杏と砂ズリのガーリックオイル煮 …… 154, 156

カネロニ …… 155, 157

目玉のオヤジ …… 155, 157

8 肉、魚のメインディッシュ

採れたてのお魚と
お野菜たっぷりの炭火焼き …… 168, 170

塩だらとホワイトアスパラの
サルサヴェルデ …… 169, 170

マグロのカマのロースト …… 169, 171

真いわしの鉄板焼き …… 169, 171

スズキのソテー リビエラソース …… 172, 174

サーモンのパリッと焼き、甘酒ソース …… 172, 174

吉田豚ロース炭火焼き …… 173, 175

自家製ローストポークのグリル
バーニャカウダソース …… 173, 175

松坂豚の炭火ロースト …… 173, 175

熟成シンタマとハラミの炭火ロースト …… 176, 178

ステーキフリット …… 176, 178

短角牛のレアステーキ …… 176, 178

牛ハツのスモークと葉ニンニクのソテー …… 177, 179

シャラン鴨のグリル フォワグラの香り
キューバリブレのソース …… 177, 179

骨付き仔羊のソテー カチャトーラ風 …… 180, 182

アフリカンラムチョップ …… 180, 182

乳飲み仔羊 唐辛子風味のチーズ焼き …… 180, 182

骨付き焼き鶏 …… 181, 183

スペアリブのコンフィ
粒マスタードソース …… 181, 183

和牛タンの煮込み
マルサラワインソース …… 184, 186

ウサギの煮込み …… 185, 186

仔羊と夏野菜の煮込みとクスクス …… 185, 187

9 締めの米料理とパスタ

魚介のパエリア …… 198, 200

レンズマメのパエジャ …… 198, 200

たこのメロッソ …… 199, 201

いか墨のメロッソ …… 199, 201

フィデウア …… 199, 201

カレードリア …… 202, 204

ライスコロッケ「アランチーノ」…… 202, 204

リゾットカレー …… 202, 205

ガーリックライス …… 203, 205

アサリごはん …… 203, 205

とろとろ豚バラ肉ときゃべつのブカティーニ
エストラゴンの香り …… 206, 208

スパゲティ しらすのシチリア風 …… 206, 208

魚介とキャベツソースのパンタッチェ …… 207, 209

鶏レバーときのこのペンネ …… 207, 209

仔羊の煮込みソース 手打ちピチ …… 210, 212

トマトソーススパゲッティ つけ麺風 …… 211, 213

チキンとクリームチーズのラビオリ …… 211, 213

《基本・補足レシピ》…… 214
《材料別索引》…… 224

撮　影：天方晴子、大山裕平、ハリー中西、太田未来子、川瀬典子
デザイン：飯塚文子
編　集：吉田直人、坂根涼子、美濃越かおる、河森理恵、植田唯起子

本書を使う前に

▶本書は2011年5月〜6月に取材を行い、まとめたものです。料理と、一部の自家製調味料の名前は、取材時の店の表記に準じています。

▶材料の分量は、各店が実際に提供している「1皿分」を基本としています。1人前とは限らず、複数人でのシェアを想定したポーションの場合もあります。また、まとめて仕込むことが前提の材料で皿数分の表示ができないものは、「つくりやすい分量」と記してあります。

▶一部の材料の分量や解説は省略してあります。

▶オリーブ油と表記したものはピュアオリーブ油、EVオリーブ油と表記したものはエクストラヴァージンオリーブ油を指します。

▶野菜やパスタなどを茹でる際の塩は、塩味をしっかり効かせるために使う場合は材料に記しています。ごく少量を使う場合は分量外とし、材料に含みません。

▶液体の分量単位はgなど重量による表記とmlなど容積による表記があり、取材店の計量法に準じます。

▶大さじ1は15ml、小さじ1は5mlを指します。

▶調理時の温度・火力・時間、材料の分量はあくまでも目安であり、厨房条件、熱源や加熱機器の種類、材料の状態により変わります。適宜調節してください。

1
一口前菜、小皿料理

トラットリア・バール イル ギオットーネ
赤ピーマンのペペロナータ

エル プルポ
焼き野菜のマリネ

イタリアン バール ラ ヴィオラ
プチトマトのピクルス

ドライいちじくのラム酒漬け
バール タッチョモ

オリーブマリネ
キッチン セロ

自家製ドライトマト
キッチン セロ

フリーゴ
ごぼうとドライトマト

トラットリア・バール イル ギオットーネ
長芋のコンフィ 粒マスタード風味

トラットリア・バール イル ギオットーネ
タコとじゃがいものサルサヴェルデ

さつまいものオレンジ煮
（マーマレード風味）
トラットリア・バール イル ギオットーネ

ほくほく里いものアイヨリソースがけ
世田谷バル

アンチョビポテト
三鷹バル

赤ピーマンの ペペロナータ
トラットリア・バール イル ギオットーネ

パプリカの本当の甘さを知らしめる。焼いた実はもちろん、焼き汁も甘いのだ。焼き汁はオイルと混ぜて魅惑のソースに。

材料 [つくりやすい分量]
赤パプリカ……2個
フィレアンチョビ（みじん切り）……3枚
ケイパー（みじん切り）……15g
イタリアンパセリ（みじん切り）……適量
ニンニクオイル*……適量
塩、コショウ
*ニンニク（縦半分に切り、芽を取り除く）をEVオリーブ油で15分程度煮る。

1　赤パプリカはアルミ箔に包み、180℃のオーブンに入れ、時々確認しながら皮が焦げるまで焼く。アルミ箔に包んだまましばらく蒸らす。皮をむき、幅0.5〜1cmに切る。アルミ箔に残った焼き汁は、漉してとりおく。
2　ボウルに、1のパプリカと焼き汁、フィレアンチョビ、ケイパー、イタリアンパセリ、ニンニクオイルを入れて和える。塩、コショウで味を調え、皿に盛り付ける。

焼き野菜のマリネ
エル プルポ

調理のポイントは待つこと。じっくり焼き、オイルをふって1日おく。野菜はとことん甘く、しっとりとした仕上がりに。

材料 [15皿分]
赤・黄パプリカ……各8個
ナス……18本
玉ネギ……4個
イタリアンパセリ（みじん切り）……適量
EVオリーブ油、塩、コショウ

1　パプリカ2種とナスは、皮が焦げるまで直火で焼く。それぞれ皮をむき、幅5mmに切る。
2　玉ネギはアルミ箔で包み、230℃のオーブンで1時間焼く。皮をむき、幅5mmに切る。
3　バットに端から、パプリカ、ナス、玉ネギを適量ずつ交互に並べ、これを繰り返す。塩、コショウ、EVオリーブ油をふり、冷蔵庫に1日おく。
4　皿に盛り付け、イタリアンパセリを散らす。塩をふり、EVオリーブ油をたっぷりとまわしかける。

プチトマトのピクルス
イタリアン バール ラ ヴィオラ

酒のあてを意識して、ピクルス液は塩味と酸味を強めに。夏はキュウリ、冬はカリフラワーなど季節野菜を漬けるもよし。

材料 [9皿分]
赤・黄プチトマト……各20個
ピクルス液……でき上がりより1ℓ
　白ワイン……300mℓ
　白ワインヴィネガー……300mℓ
　水……250mℓ
　グラニュー糖……150g
　塩……50g
　バジル（きざむ）……20g
　コリアンダーシード……3g
　フェンネルシード……3g

1　プチトマト2種はヘタを取り、ヘタ側に小さく十字に切れ目を入れる。
2　ピクルス液をつくる。
①ボウルにハーブとスパイス以外の材料をすべて入れ、混ぜ合わせる。
②鍋に①と残りの材料を入れて火にかけ、沸騰したら鍋ごと氷水で冷やす。
3　2に1を入れ、1日漬け込む。器に盛り、バジル（適量、分量外）を飾る。

ドライいちじくの ラム酒漬け
バール タッチョモ

イチジクを2種のラムに漬けるだけの超お手軽メニュー。フルーツを変えたり、マルサラ酒に漬けたり、アレンジもきく。

材料 [つくりやすい分量]
イチジク（乾燥）……適量
ラム酒*……適量
クルミ……適量
*ダークラムとホワイトラムを同割で合わせる。

1　保存容器にイチジクを入れ、かぶるくらいにラム酒を注ぐ。常温に2〜3ヵ月おく。
2　クルミとともに皿に盛る。

オリーブマリネ
キッチン セロ

定番素材のオリーブをオリジナルな一品に。風味づけした油に漬け込むことで、塩気がやわらぎ、うまみを感じさせる。

材料 [つくりやすい分量]
オリーブ（黒・茶・緑のミックス）……1kg
ニンニク（つぶす）……5片
赤唐辛子……5本
ローズマリー……3枝
オリーブ油……1ℓ

1　鍋にオリーブ油、ニンニク、赤唐辛子を入れて火にかける。
2　ふつふつと泡が立ってきたら弱火にし、ニンニクが色づいてきたらオリーブとローズマリーを入れて火をとめる。そのまま常温で冷ます。
3　器に盛る（1皿15粒）。

自家製ドライトマト
キッチン セロ

トマトは低温でじっくり焼き、フレッシュな酸味を生かしつつ凝縮された甘みを引き出す。軽めの赤ワインとも好相性。

材料 [5皿分]
ミニトマト（横半分に切る）……25個
EVオリーブ油、塩

1　天板にオーブンシートを敷き、ミニトマトを並べ、軽く塩をふる。EVオリーブ油をたらし、100℃のオーブンで2時間加熱する。
2　器に盛り、楊枝を添える。

ごぼうとドライトマト
フリーゴ

ゴボウにトマトとアンチョビの風味をしみ込ませた、気さくなおばんざい風タパス。きんぴらゴボウの洋風版だ。

材料 [5〜6皿分]
ゴボウ……4本
ドライトマト……10個
フィレアンチョビ（ほぐす）……4枚
オリーブ油、コショウ

1 ゴボウは大きめの笹がきにする。ドライトマトは幅5mmに切る。
2 鍋にオリーブ油をひき、ゴボウを炒める。油が全体にまわったら、ドライトマトとフィレアンチョビを加えて炒め合わせ、火が通りやすいよう水を適量加える。
3 ゴボウに火が通り、水分が煮詰まったら、コショウをふり、さっと混ぜる。
4 ゴボウを器に盛り、上にドライトマトをのせる。

さつまいものオレンジ煮
（マーマレード風味）
トラットリア・バール イル ギオットーネ

オレンジジュース、マーマレード、オレンジ風味のオリーブ油の三重奏。サツマイモを甘酸っぱくさわやかに。

材料 [つくりやすい分量]
サツマイモ（細めのもの）……2本
オレンジジュース……200ml
水……100ml
ヴァニラビーンズ……1/5本
マーマレード……50g
オレンジ風味のEVオリーブ油……適量

1 サツマイモは幅1cmの斜め切りにする。
2 鍋に、1、オレンジジュース、水、ヴァニラビーンズを入れ、汁気がなくなるまで煮る。
3 マーマレードで和え、オレンジ風味のEVオリーブ油をまわしかける。
4 皿に盛り付け、2のヴァニラビーンズを飾る。

長芋のコンフィ
粒マスタード風味
トラットリア・バール イル ギオットーネ

伝えたいのは長イモの食感。真空パック&湯煎で火を通し、しゃきしゃき感を残しつつ、ほろっと崩れる絶妙な塩梅に。

材料 [つくりやすい分量]
長イモ（厚さ1.5cmの輪切り）……1/2本
粒マスタード……50g
イタリアンパセリ（みじん切り）……適量
EVオリーブ油……70ml
塩

1 ボウルに長イモ、粒マスタード、EVオリーブ油を入れ、塩をふる。
2 ビニール袋に移し、真空パックして70℃の湯で20〜30分湯煎にする。袋ごと氷水で冷やす。
3 皿に盛り付け、イタリアンパセリを散らす。

ほくほく里いもの
アイヨリソースがけ
世田谷バル

里イモのねっとりした食感と、レモン汁をプラスした酸味のあるアイヨリソースが好相性。一口でほおばりたい。

材料 [1皿分]
里イモ……2個
アイヨリソース（つくりやすい量）
　マヨネーズ……100g
　レモン汁……15ml
　ニンニクのオイル漬け*……小さじ1
　塩、コショウ
パセリ（みじん切り）……適量
EVオリーブ油、コショウ
*ニンニク（みじん切り）をサラダ油に漬けたもの。

1 里イモは塩を加えた湯で、皮付きのまま下茹でする。
2 アイヨリソースをつくる。材料をすべて混ぜ合わせる。
3 1を半分の大きさに切り、皮を半分までずらして皿にのせる。里イモの切り口に2をたらし、コショウとパセリをふり、EVオリーブ油をかける。

タコとじゃがいもの
サルサヴェルデ
トラットリア・バール イル ギオットーネ

小皿に詰め込んだ創意工夫。タコはカモミールと昆布のだしで茹で、パセリソースは茹でた卵の黄身でコクを出す。

材料 [つくりやすい分量]
真ダコ（足）……2本
ジャガイモ（男爵）……1個
カモミールと昆布のだし*……適量
サルサヴェルデ（P.217）……適量
松の実……適量
*80〜85℃の湯でカモミールを煮出し、昆布を加えてさらに煮る。味が出たら漉す。

1 真ダコは塩もみして掃除する。これをカモミールと昆布のだしで茹で、食べやすい大きさに切る。
2 ジャガイモは塩を加えた湯で茹で、皮をむき、食べやすい大きさに切る。
3 1、2、サルサヴェルデを和えて皿に盛り、松の実を散らす。

アンチョビポテト
三鷹バル

ニンニク風味のマヨネーズで和えたポテトサラダは、熟成がすすみ、塩気のきいた自家製アンチョビが主役。

材料 [1皿分]
自家製アンチョビ（P.223、ちぎる）
　……1尾
ジャガイモ（メークイン）……4個
ニンニク……小1片
マヨネーズ……適量
パセリ（みじん切り）……適量
塩

1 ジャガイモは圧力鍋で10分蒸す。皮をむき、一口大に切る。
2 ニンニクはラップフィルムで密封して電子レンジで1分加熱する。冷めたらつぶしてマヨネーズ、パセリと混ぜ合わせる。
3 自家製アンチョビと1をボウルに入れ、2を加えて混ぜる。塩で味を調え、皿に盛る。

スペインバル＆レストラン バニュルス
空豆と生ハムのサラダ

フリーゴ
山うどと鶏肉 クミン風味の
マヨネーズあえ

イル ランポ
ヴィッテロ・トンナート

新玉ねぎのリピエネ
フリーゴ

カンタブリア産極上アンチョビ
エル ブエイ

茹で卵とアンチョビ
イル ランポ

ナツメヤシのベーコン巻き
バル デ エスパーニャ ペロ

サルシッチャ・ホウレン草・
リコッタチーズのロートロ
イル ランポ

なんこつのアーリオ・オーリオ
空豆のディップ
きのこのマリネ
カレーとワイン ポール

空豆と生ハムのサラダ
スペインバル&レストラン バニュルス

空豆をシェリーヴィネガーとオリーブ油でマリネ。和えた直後でもうまいが、1晩おくと味がしみ込んでなおうまい。

材料［つくりやすい分量］
空豆*……500g
玉ネギ（みじん切り）……1/2個
生ハム（みじん切り）……50g
シェリーヴィネガー……適量
EVオリーブ油、塩、黒コショウ
*さやからはずしたもの。塩を加えた湯で茹で、薄皮をむく。

1　空豆、玉ネギ、生ハムを、シェリーヴィネガー、塩、黒コショウと和える。シェリーヴィネガーの3倍程度のEVオリーブ油を加え、再び和える。
2　皿に盛り、EVオリーブ油をかけ、生ハム（スライス3枚、分量外）を飾る。

新玉ねぎのリピエネ
フリーゴ

ジューシーな新玉ネギにリコッタチーズのフィリングを詰めた、洒落たタパス。マジョラムがさわやかに香る。

材料［8皿分］
新玉ネギ（横半分に切る）……4個
A
　リコッタチーズ……250g
　パルミジャーノ・レッジャーノ
　（すりおろす）……70g
　マジョラム（ちぎる）……3枚
　オリーブ油……30ml
イタリアンパセリ……適量
オリーブ油、塩、コショウ

1　新玉ネギは電子レンジで火を通す。
2　1の中央の果肉を2～3枚分取り出してきざむ。
3　Aの材料をボウルに入れ、2を加えて混ぜ合わせる。塩で味を調える。
4　1の中央に3を山盛りに詰め、オリーブ油をまわしかける。200℃のオーブンで表面に焼き色をつける。
5　器に盛り、マジョラム（1枚、分量外）をのせる。コショウを挽き、イタリアンパセリを添える。

山うどと鶏肉 クミン風味のマヨネーズあえ
フリーゴ

山ウドはしゃりっとして香りが強い。個性のある野菜がチキンサラダをワインに合う一品に変化させる好例。

材料［5～6皿分］
山ウド……1本
鶏ササミ……200g
クミンパウダー……少量
白ワイン……適量
マヨネーズ……適量
オリーブ油、塩、コショウ

1　山ウドは根元は斜めにスライスし、茎と葉は食べやすい長さに切る。
2　フライパンにオリーブ油をひき、1を炒める。塩、コショウ、クミンパウダーで味を調える。
3　鶏ササミに白ワインをふり、電子レンジで火を通す。手で粗くほぐす。
4　2と3を合わせ、粗熱がとれたらマヨネーズで和える。

カンタブリア産 極上アンチョビ
エル ブエイ

スペイン産アンチョビの強烈なうまみと塩気で酒がすすむ。玉ネギのしゃきしゃきとした歯ざわりが心地よい。

材料［1皿分］
フィレアンチョビ*……4枚
オリーブ（赤、黒、緑のミックス）……計5個
玉ネギ（みじん切り）……適量
イタリアンパセリ（みじん切り）……適量
EVオリーブ油
*スペイン・カンタブリア製の缶詰。フィレ1枚が1～1.5cm×10cmの大ぶりのもの。

1　皿にフィレアンチョビを並べ、オリーブをのせ、玉ネギを散らす。
2　EVオリーブ油をたっぷりとまわしかけ、イタリアンパセリを散らす。

ヴィッテロ・トンナート
イル ランポ

仔牛ロース肉をクールブイヨンにひたして火入れ。ツナとケイパーのソースを添えて。肉なのに軽い、それが身上。

材料［つくりやすい分量］
仔牛ロース肉（ブロック）……400g
クールブイヨン（P.214）……適量
トンナートソース（P.214）……適量
ケイパーベリー*……適量
コショウ
*ケイパーの実の酢漬け。

1　仔牛ロース肉は、煮崩れしないようにタコ糸で巻く。
2　鍋にクールブイヨンを沸かし、1を入れて弱火にし、肉の内側がロゼ色になるまで火を通す。鍋ごと冷まし、1日おく。
3　2を薄く切り、皿に盛り付ける。トンナートソースをかけ、コショウをふり、ケイパーベリーを飾る。

茹で卵とアンチョビ
イル ランポ

超シンプルだけど思わず手が出る、なじみのコンビネーション。決め手はじっくりと香りを移したニンニクオイル。

材料［2皿分］
卵……1個
フィレアンチョビ（ちぎる）……適量
ニンニクオイル*……適量
*鍋にオリーブ油とニンニクを入れ、弱火でニンニクがこんがりと色づくまで煮る。濾す。

1　沸騰した湯に塩と白ワインヴィネガー（分量外）を入れ、卵を8分茹でる。
2　氷水にとり、冷ます。殻をむき、縦半分に切る。
3　2を切り口を上にして器に盛り、フィレアンチョビをのせ、楊枝を刺してとめる。ニンニクオイルをまわしかける。

サルシッチャ・ホウレン草・リコッタチーズのロートロ
イル ランポ

ラヴィオリの詰め物はこんな使い方もあり。クレープ生地で海苔巻きみたいにくるくると巻いて一口おつまみに。

材料［つくりやすい分量］
クレープ生地（P.214）……適量
サルシッチャのタネ（P.214）……60g
ホウレン草（塩茹でする）……60g
リコッタチーズ……125g
パルミジャーノ・レッジャーノ
　（すりおろす）……適量
イタリアンパセリ……適量
澄ましバター……適量
塩

1　フライパンに澄ましバターをひき、クレープ生地を薄く広げ、両面に軽く焼き色がつく程度に焼く。
2　サルシッチャのタネはフライパンで焼き色がつくまで炒める。ホウレン草と合わせ、冷ます。
3　2にリコッタチーズ、パルミジャーノ・レッジャーノ、塩を加え混ぜる。
4　ラップフィルムの上に1を敷き、奥を少し残して3をのせ、巻きずしの要領で手前から奥に向かって巻き上げる。
5　厚さ1.5cm程度の輪切りにし、皿に盛り付け、イタリアンパセリを添える。

ナツメヤシのベーコン巻き
バル デ エスパーニャ ペロ

ナツメヤシにアーモンドを詰め、ベーコンを巻いて揚げる。モロッコなどアフリカの影響を受けるスペインらしい組合せ。

材料［1皿分］
ナツメヤシ……4個
揚げたアーモンド*……4個
ベーコン（スライス）……4枚
サラダ油
*サラダ油で揚げ、塩をふったもの。

1　ナツメヤシは種を抜き、揚げたアーモンドを詰める。これをベーコンで巻き、楊枝を刺してとめる。
2　170℃のサラダ油で、表面が軽く色づく程度に揚げる。目安は10〜15秒。

なんこつのアーリオ・オーリオ
カレーとワイン ポール

歯ごたえが楽しい鶏軟骨は居酒屋メニューに欠かせない。鶏軟骨のゼラチン質が溶け出し、煮汁はぷるぷるの食感。

材料［9〜10皿分］
鶏軟骨*……1kg
ニンニク（みじん切り）……50g
赤唐辛子（輪切り）……1つまみ
A
　白ワイン……200mℓ
　水……400mℓ
　グラニュー糖……5g
　塩……15g
　コショウ……1g
EVオリーブ油……適量
オリーブ油、黒コショウ、
ピンクペッパー（ホール）
*軟骨まわりに肉が少々残っているものを使う。

1　オリーブ油をひいた鍋に、ニンニク、赤唐辛子を順に入れて炒め、香りが立ってきたら鶏軟骨を加え、さっと炒め合わせる。
2　Aの材料を加えて沸かし、アクをひく。軟骨が軽くひたる程度に水かさが減るまで煮る。
3　保存容器に煮汁ごと移し、冷蔵庫に1晩おく。煮汁に溶け出した鶏のゼラチン質がかたまり、にこごりのようにぷるぷるの状態になる。
4　皿に盛り付け、黒コショウを挽き、ピンクペッパーを散らす。EVオリーブ油をまわしかける。

空豆のディップ
カレーとワイン ポール

空豆に2種のチーズを合わせ、なめらかなディップに。EVオリーブ油が豆の青々とした味わいをさらに引き立てる。

材料［15皿分］
空豆（さや付き）……2kg
A
　リコッタチーズ……100g
　生クリーム……50mℓ
　パルミジャーノ・レッジャーノ
　　（すりおろす）……20g
　塩、コショウ
イタリアンパセリ（みじん切り）……適量
EVオリーブ油

1　空豆はさやからはずし、塩を加えた湯で茹で、薄皮をむく。
2　フードプロセッサーに1とAの材料を入れ、なめらかになるまで撹拌する。
3　器に盛り、EVオリーブ油をかけ、イタリアンパセリを中央にのせる。

きのこのマリネ
カレーとワイン ポール

フライパンで具と調味料を一気に炒め合わせ、冷蔵庫で冷やすだけのお手軽料理。ハーブと唐辛子で味にメリハリを。

材料［9〜10皿分］
シメジ、舞茸、エリンギ……各300g
ニンニク（スライス）……1片
赤唐辛子（輪切り）……1つまみ
白ワインヴィネガー……少々
ローズマリー（きざむ）……1枝
タイム（きざむ）……1枝
オリーブ油、塩、黒コショウ

1　シメジと舞茸は細かくばらし、エリンギは細くさく。
2　オリーブ油をひいたフライパンでニンニクを炒め、香りが立ってきたら1を加え、しんなりするまで炒める。
3　赤唐辛子、白ワインヴィネガー、塩、黒コショウを入れ、さっと和えて火からおろす。ローズマリーとタイムを加え混ぜ、バットに移して冷蔵庫に1晩おく。皿に盛る。

生ハム 取り扱いのコツ　[技術指導] エル ブエイ

生ハムはバル・バールのつまみのエース。
切って盛るだけでOKな、お客にとっても店にとってもうれしいアイテムですが、
扱い方にはちょっとしたコツがあります。
「これだ！」と思う品質の生ハムを仕入れたのなら、
最良の状態で提供するためのテクニックを身につけたいところ。
端肉や骨の活用法も合わせてマスターしましょう。

《カッティングの基本》

1 包丁は、刃が長く薄いものと、短く厚いものの2種類を用意する。前者は生ハムのスライス、後者は皮や余分な脂を切り取ったり、骨まわりの肉をえぐるのに使う。

2 ハモネーラ（生ハムを固定する台）に設置する。蹄（ひづめ）の裏が上を向くように固定し、モモの裏とふくらはぎの肉から使用するのが基本。

3 足首に深く切り込みを入れ、脂肪をざっくりと切り取る。包丁の刃を肉に対して水平にあてやすくなり、スライスしやすくなる。

4 皮と厚い脂を切り取る。使い始めは、赤身が見えるぎりぎりまでそぎ、その後は側面の脂を適宜切り取る。酸化防止のため、使用しない部分の皮や脂は残しておく。

5 生ハムを切る。足首からモモに向かって、包丁の刃を水平にスライドさせる。刃が透けるほど薄く切るのが理想。薄いほど、香りが立ち、舌の上で脂が溶けやすい。

6 空いている手で切り出した肉の端をひっぱるように持ち上げ、刃を進めると、薄く切りやすい。

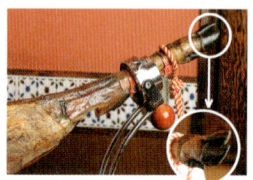

7 骨近くまで使ったら、逆にして残り半分を使う。ハモネーラから外し、モモの表とスネが上を向くように返し（蹄の表が上を向く状態）、再び固定する。4と同様に余分な皮と脂をそぎ、使っていく。

8 盛り方：脂が多いもの、少ないもの、かたいもの、やわらかいものをバランスよく皿に盛り込む。あまり重ねず、皿一面に敷き詰めるように盛り付ける。

《保存方法》

切り終えたら、酸化防止のために肉の断面にそいだ脂をのせ（またはこすりつけ）、ラップフィルムをかぶせる。

いろいろ使えて便利な端材

《端肉》

骨まわりについた肉はかたいので、刃が短く厚い包丁を使ってそぎ落とす（写真左）。粗くきざんで、具として使う他（同中央、P.38・40）、だし代わりにオイル煮などに加えてもよい（同右、P.112・114）。

《骨》

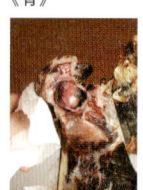 

膝など関節にある腱を切断し、ねじ切る（写真左）。3本程度に短くばらす（同右）と使い勝手がよい。香味野菜などとともに煮出し、だしとして使う。

2

サラダ

世田谷バル
フレッシュマッシュルームの
アンチョビガーリックオイルがけ

カレーとワイン ポール
コールスロー

セルバチコサラダ
魚河岸バル 築地タマトミ

ロシア風ポテトサラダ
エル ポニエンテ ゴソ

バル デ エスパーニャ ペロ
塩タラとトマトのサラダ

イル ランポ
トレヴィスとグァンチャーレのサラダ

豆のサラダ
バル2階

アンディーブのサラダ
バル デ エスパーニャ ペロ

フレッシュマッシュルームの
アンチョビガーリックオイルがけ
世田谷バル

- -

どっさりの生マッシュルームに熱々ソースをかけて。ニンニクオイルに漬けたジューシーなトマトもドレッシング代わり。

材料［1皿分］
マッシュルーム……8〜9個
チェリートマトのオイル漬け
　チェリートマト（8等分に切る）……3個
　ニンニクのオイル漬け*1……適量
　EVオリーブ油……適量
アンチョビとニンニクのペースト*2……大さじ1
パセリ（みじん切り）……適量
オリーブ油……60mℓ
塩、コショウ
＊1 ニンニク（みじん切り）をサラダ油に漬けたもの。
＊2 アンチョビペーストとニンニク（みじん切り）を1：5の割合で合わせたもの。

1 マッシュルームは軸を落としてスライスする。
2 チェリートマトのオイル漬けをつくる。ボウルに、チェリートマト、ニンニクのオイル漬け、EVオリーブ油、塩、コショウを入れ、和える。
3 2に1を加えて和え、皿に盛り付ける。
4 オリーブ油をひいたフライパンで、アンチョビとニンニクのペーストを香りが立つまで炒め、塩、コショウで味を調え、パセリを加え混ぜる。熱いうちに、3にまわしかける。

セルバチコサラダ
魚河岸バル 築地タマトミ

- -

香りの強いハーブのサラダは、地中海のバルで定番の料理。シンプルで爽快な味はシーフード料理の箸休めにぴったり。

材料［1皿分］
ルーコラ・セルバティカ*……60g
EVオリーブ油……15mℓ
レモン汁……10mℓ
マルドンの塩……1つまみ
黒コショウ
＊野生種のルーコラ。

1 材料をすべてボウルに入れ、混ぜ合わせる。器に盛り付ける。

コールスロー
カレーとワイン ポール

- -

飲みの席の終わりまで使える"山盛り"の箸休め。注文ごとにつくるから、キャベツのしゃきしゃき感が生きている。

材料［1皿分］
キャベツ（せん切り）……250g
白ワインヴィネガー……少量
ガーリックマヨネーズ（P.216）……70g
レタス（ちぎる）……10g
ミニトマト（半分に切る）……2個
パルミジャーノ・レッジャーノ（すりおろす）……1つまみ
イタリアンパセリ（みじん切り）……適量
塩、黒コショウ

1 ボウルにキャベツ、白ワインヴィネガー、ガーリックマヨネーズ、塩を入れて和える。
2 皿にレタスを敷き、1を盛り付ける。ミニトマトを飾り、パルミジャーノ・レッジャーノと黒コショウをふる。イタリアンパセリを散らす。

ロシア風ポテトサラダ
エル ポニエンテ ゴソ

- -

マヨネーズで味つけした定番のポテトサラダ。大ぶりの具材を混ぜ込んで、一口ごとの味の変化をつけている。

材料［つくりやすい分量］
ジャガイモ（メークイン）……6個
ミックスベジタブル（冷凍）……100g
白ワインヴィネガー……適量
マヨネーズ……適量
ツナ……大さじ4
ケイパー……大さじ1
レッドピメント*（食べやすい大きさに切る）……適量
茹で卵（縦半分に切ってスライス）……適量
緑オリーブ……1個
塩
＊赤ピーマンの缶詰。スペイン製。

1 ジャガイモは水をはった鍋に入れ、やわらかくなるまで茹でる。熱いうちに皮をむき、1cm角に切る。
2 ボウルに1、白ワインヴィネガー、塩を入れて和え、冷ます。マヨネーズ、湯通ししたミックスベジタブル、ツナ、ケイパーを加え、よく混ぜる。塩で味を調える。
3 皿に盛り付け、マヨネーズをしぼって全体を覆うようにヘラでのばす。中央にレッドピメントと茹で卵をのせる。緑オリーブを飾る。

塩タラとトマトのサラダ
バル デ エスパーニャ ペロ

塩ダラはスペインでポピュラーな食材。甘酸っぱいシャルドネヴィネガーでマリネし、トマトと合わせてサラダに。

材料［1皿分］
塩ダラ（冷凍、スペイン製）……35g
トマト……1個
玉ネギ（スライス）……20g
シャルドネヴィネガー……少量
アルベキーナオリーブ……3個
EVオリーブ油……少量
塩

1　塩ダラは水に2日ほどひたして塩抜きする。食べやすい大きさに繊維に沿ってさく。
2　トマトは湯むきして種を取り、適当な大きさに切る。塩をふって冷蔵庫に1日おく。汁気を切る。
3　玉ネギと1をバットに並べ、シャルドネヴィネガーをふり、しばらくおく。
4　皿に2を盛り、玉ネギと塩ダラをのせる。3のバットに残った汁とEVオリーブ油をかける。アルベキーナオリーブを飾る。

豆のサラダ
マル2階

3種の豆の食感や味の違いが楽しいサラダ。バジルとオイルでシンプルに仕上げた、スターターに最適な一品。

材料［1皿分］
茹で豆……でき上がりより1/15量
　ヒヨコ豆（乾燥）……100g
　虎豆（乾燥）……100g
　大豆（乾燥）……100g
バジル（きざむ）……適量
プチトマト（半割り）……1個
イタリアンパセリ……適量
EVオリーブ油、塩、コショウ

1　茹で豆をつくる。ヒヨコ豆、虎豆、大豆はそれぞれ1晩水にひたしてもどす。それぞれ茹でて粗熱をとる。
2　ボウルに1、バジル、塩、コショウを入れて和える。EVオリーブ油を加え、冷蔵庫に3時間以上おく。
3　器に盛り付け、プチトマトとイタリアンパセリを飾る。

トレヴィスとグァンチャーレのサラダ
イル ランポ

トレヴィスの苦みを心地よく感じさせるのは、豚の塩漬けを炒めた油にシェリーヴィネガーを混ぜたドレッシングの力。

材料［1皿分］
トレヴィス……60g
グァンチャーレ*（マッチ棒状に切る）……30g
クルミオイル……適量
シェリーヴィネガー……適量
パルミジャーノ・レッジャーノ（薄くスライス）……適量
イタリアンパセリ（みじん切り）……適量
塩、黒コショウ
＊豚ホホ肉や首肉の塩漬け。

1　トレヴィスは一口大にちぎってボウルに入れ、クルミオイルと塩を加え、和える。
2　グァンチャーレはフライパンに入れ、弱火でかりかりに炒める。シェリーヴィネガーを加え、フライパンにこびりついたグァンチャーレのうまみをこそげ取る。熱いうちに汁ごと1のボウルに加え、和える。
3　塩で味を調え、皿に盛り付ける。パルミジャーノ・レッジャーノをのせ、イタリアンパセリをふり、黒コショウを挽く。

アンディーブのサラダ
バル デ エスパーニャ ペロ

ほろ苦いアンディーヴと甘いリンゴの組合せ。青カビチーズでつくる濃厚ソースは、ほんのり甘く仕立てるのがポイント。

材料［1皿分］
アンディーヴ……8枚
リンゴ……1/8個
カブラレスソース（P.219）……30g
カベルネドレッシング*……適量
クルミ（ローストして砕いたもの）……3g
イタリアンパセリ（みじん切り）……適量
＊カベルネヴィネガーとEVオリーブ油を3:1の割合で混ぜ、塩、コショウで味を調えたもの。

1　アンディーヴは3枚を幅1cm程度に切り、残りは飾り用にとりおく。リンゴは皮をむき、厚さ0.5～1cmの短冊切りにする。
2　ボウルに切ったアンディーヴとリンゴ、カブラレスソースを入れ、和える。
3　皿に1でとりおいた飾り用のアンディーヴを放射状に並べ、中央に2を盛り付ける。カベルネドレッシングをまわしかけ、クルミとイタリアンパセリを散らす。

スペインバル＆レストラン バニュルス
ほたるいかと春野菜のサラダ

エル ブエイ
あぶり上ミノとハーブのサラダ

ヒヨコ豆のサラダ

三鷹バル

アボカドと魚介のサラダ

マル2階

ほたるいかと春野菜のサラダ

スペインバル&レストラン バニュルス

白ワインヴィネガーとパプリカパウダーのドレッシングで。ホタルイカとアスパラの淡い苦みが白ワインにぴったり。

材料[1皿分]
ホタルイカ……6ハイ
A
　空豆*……6個
　ホワイトアスパラガス……3本
　赤・黄パプリカ……各1/6個
　菜の花……3本
　スナップエンドウ……3本
トマト……1/3個
エシャロット（みじん切り）……1/5個
ドレッシング（P.216）……適量
パプリカパウダー……適量
EVオリーブ油、塩、コショウ
*さやからはずしたもの。

1 ホタルイカとAの野菜は、それぞれ塩を加えた湯で茹でる。空豆は薄皮をむき、ホワイトアスパラガスは4等分の長さに、パプリカ2種はそれぞれ棒状に切る。菜の花は、茎は小口切り、葉は食べやすい大きさに切り、スナップエンドウは半割りにする。
2 トマトは湯むきし、粗みじん切りにする。
3 ボウルに1、2、エシャロット、ドレッシングを入れて和え、塩、コショウで味を調える。
4 皿に盛り付け、パプリカパウダーをふり、EVオリーブ油をまわしかける。

ヒヨコ豆のサラダ

三鷹バル

ヒヨコ豆を、きりりと酸味のあるサラダとクミンがきいたピュレの2つの味で。混ぜ合わせて食べると第3の味も楽しめる。

材料[1皿分]
ヒヨコ豆（乾燥）……100g
玉ネギ……適量
ニンジン（茹でる）……適量
キュウリ……適量
プチトマト……適量
パセリ（みじん切り）……適量
ニンニク（みじん切り）……適量
オリーブ油……50g＋15g
シェリーヴィネガー……50g
クミン……少量
塩

1 ヒヨコ豆は1晩水にひたしてもどす。たっぷりの水とともに鍋に入れて火にかけ、やわらかくなるまで中火で煮る。豆と煮汁に分け、それぞれとりおく。
2 玉ネギ、ニンジン、キュウリはそれぞれ5mm角のさいの目切りにする。
3 1の豆の半量と2をボウルに入れ、パセリ、ニンニク、オリーブ油（50g）、シェリーヴィネガーを加え混ぜ、塩で味を調える。
4 残りの1の豆をフードプロセッサーに入れ、オリーブ油（15g）、ニンニク、クミンを加え、塩で味を調え、豆のざらざら感が残る程度に撹拌する。かたければ1でとりおいた煮汁を加え、濃度を調整する。
5 皿に3と4を盛り、プチトマトを添える。

あぶり上ミノとハーブのサラダ
エル ブエイ

香ばしく焼いたミノに、フレッシュなハーブと甘酸っぱいイチゴを合わせて。サラダなのに赤ワインとの相性もばっちり。

材料 [1皿分]
上ミノ（牛第一胃）……60g
ディル、ルーコラ、ニンジン菜、カラシ菜、トレヴィス、サニーレタス、マーシュ……計30g
フルーツトマト……1/2個
イチゴ……1個
シェリーヴィネガーソース*……適量
イタリアンパセリ（みじん切り）……適量
パプリカパウダー……適量
EVオリーブ油、マルドンの塩、塩、コショウ
＊シェリーヴィネガー60mlを半量まで煮詰め、EVオリーブ油30mlを混ぜ合わせたもの。

1 フルーツトマトは厚さ5mm、イチゴは厚さ2mmにそれぞれスライスし、その他の野菜はいずれも食べやすい大きさに切る。
2 上ミノは表面に包丁で細かく切り込みを入れ、2cm×5cm程度に切る。
3 ボウルに**2**、EVオリーブ油、塩、コショウを入れて和える。
4 **3**を網にのせ、炭火で焼く。表面に焼き色をつけ、中までしっかりと火を通す。
5 皿に**1**を盛り付け、**4**をのせる。シェリーヴィネガーソースとEVオリーブ油をまわしかけ、イタリアンパセリを散らし、マルドンの塩とパプリカパウダーをふる。

アボカドと魚介のサラダ
マル2階

アボカドの濃厚な味を生かしつつ、ドレッシングにエストラゴン、仕上げにシークワーサーを使ってさわやかな印象に。

材料 [1皿分]
アボカド……1/2個
魚介のサラダ……でき上がりより50〜60g
　エビ……1kg
　イカ……1kg
　ホタテ貝柱……1kg
　玉ネギ（みじん切り）……1個
　黒オリーブ（スライス）……20個
　ピクルス（コルニッション、粗みじん切り）……20本
　ケイパー……適量
　ドレッシング（P.222）……適量
　簡易クールブイヨン*……適量
シークワーサージュース……50ml
サラダ菜……1枚
イクラ……適量
＊白ワインと水を1：2で合わせ、レモン汁を加えたもの。

1 魚介のサラダをつくる。
①エビ、イカ、ホタテ貝柱は一口大に切り、簡易クールブイヨンで茹で、冷ます。
②ボウルに、①、玉ネギ、黒オリーブ、ピクルス、ケイパー、ドレッシングを入れ、和える。
2 ボウルに**1**を1皿分入れ、アボカドをつぶしながら加え混ぜる。シークワーサージュースを混ぜる。
3 皿にサラダ菜を敷き、**2**を盛り付ける。中央にイクラを飾る。

3

野菜のつまみ

世田谷バル
季節の野菜とアンチョビクリームディップ

日仏食堂 トロワ
根菜のピクルス

トマトの黒オリーブあえ
フリーゴ

産地直送 新鮮野菜のバーニャカウダソース
イタリアン バール ラ ヴィオラ

ナスのバルサミコマリネ 生ハムのせ
世田谷バル

ホワイトアスパラのガスパチョマリネ
エル ブエイ

白ねぎのマリネ
富士屋本店ワインバー

季節の野菜とアンチョビクリームディップ
[世田谷バル]

女性向けにニンニクを使わず、まろやかでやさしい味に仕上げたアンチョビディップ。旬の野菜とともに。

材料［1皿分］
キュウリ、ニンジン、赤・黄パプリカ、ブロッコリー、ヤングコーン……各適量
アンチョビクリームディップ……でき上がりより適量
| フィレアンチョビ……250g
| 生クリーム……500g
EVオリーブ油

1　野菜はヤングコーンを除き、それぞれ食べやすい大きさに切る。
2　アンチョビクリームディップをつくる。
①フィレアンチョビと生クリームを鍋に入れ、アンチョビがやわらかくなるまで弱火で煮る。
②①をボウルに移し、ハンドミキサーでなめらかになるまで撹拌し、冷蔵庫で冷やしかためる。
3　皿に1と2を盛り付け、EVオリーブ油をまわしかける。

トマトの黒オリーブあえ
[フリーゴ]

もぎたてトマトを黒オリーブペーストでさらにおいしく。このペーストは魚料理にもよく合うし、パンにぬってもいい。

材料［1皿分］
トマト（半分に切る）……小5個
黒オリーブペースト……でき上がりより大さじ1強
| 黒オリーブ……100g
| フィレアンチョビ……4枚
| ローズマリー……1枝
| オリーブ油……適量
イタリアンパセリ……適量

1　黒オリーブペーストをつくる。
①黒オリーブは種を取り、ローズマリーは葉をつまみ取る。
②ミキサーに①、フィレアンチョビ、オリーブ油を入れて撹拌する。
2　トマトを1で和え、器に盛り、イタリアンパセリを添える。

根菜のピクルス
[日仏食堂 トロワ]

野菜をソミュール液で煮ることで、短時間で味を芯まで含ませつつ、根菜類の多彩な食感と味わいをしっかり残す。

材料［10皿分］
ゴボウ……2本
サツマイモ……1本
レンコン……1節
ニンジン……1本
ヤーコン……1/2本
セロリ……2本
ソミュール液（P.218）……でき上がりより全量

1　野菜は必要に応じて皮をむき、一口大に切る。
2　鍋にソミュール液を入れ、ゴボウ、サツマイモ、レンコンを加えて弱火にかけ、蓋をする。
3　沸騰したらニンジンを入れてよく混ぜ、蓋をして5分蒸し煮にする。次にヤーコンを加え、よく混ぜて蓋をして2分、さらにセロリを加え、やさしく混ぜて蓋をして1分蒸し煮にする。
4　火をとめて蓋をしたまま5分蒸らし、バットにあけて冷ます。器に盛り付ける。

産地直送 新鮮野菜のバーニャカウダソース
[イタリアン バール ラ ヴィオラ]

ソースはニンニクをきかせたがつんとくる味わい。パン粉を加え、野菜にからみやすいぼてっとした仕立てに。

材料［30皿分］
ロメインレタス、赤・黄パプリカ、トマト、キュウリ、ラディッシュ、赤丸カブ、アンディーヴ、マッシュルーム*
　……各適量
バーニャカウダソース
| 無塩バター……250g
| ニンニク（すりおろす）……200g
| フィレアンチョビ……350g
| EVオリーブ油……350mℓ
| ドライパン粉……150g
＊使う野菜は季節によって異なる。

1　バーニャカウダソースをつくる。
①鍋に無塩バターとニンニクを入れ、ニンニクに火が通るまでごく弱火で煮る。
②別の鍋でフィレアンチョビをごく弱火にかけ、ヘラでつぶしてペースト状にする。EVオリーブ油を加え混ぜる。
③①の鍋に②とドライパン粉を加え、混ぜながらひと煮立ちさせる。保存容器に移し、冷蔵庫で冷ます。
2　野菜はそれぞれ食べやすい大きさに切り、器に盛る。
3　1を鍋で温めて器に盛り、2とともに皿にのせる。

ホワイトアスパラのガスパチョマリネ
エル ブエイ

ジューシーなホワイトアスパラに、トマトの風味をぎゅっとしみ込ませて。和食の「おひたし」の洋風版といった趣。

材料［1皿分］
ホワイトアスパラガス……3本
フルーツトマト……1/2個
サクランボ……2個
トマトピュレ*……適量
シェリーヴィネガー……適量
EVオリーブ油、マルドンの塩
＊ミニトマトを皮付きのままミキサーでピュレ状になるまで撹拌し、塩で味を調えたもの。

1 ホワイトアスパラガスは皮をむき、3等分の長さに切る。塩を加えた湯で茹でる。
2 ボウルに1とトマトピュレを入れて和え、保存容器に移して冷蔵庫に2～3時間おく。
3 フルーツトマトは半割にしてから厚さ5mmにスライスし、サクランボは半割にして種を取る。
4 ボウルに2、3、シェリーヴィネガーを入れて和える。アスパラガス、トマト、サクランボを皿に盛り付ける。
5 ボウルに残った汁にEVオリーブ油を加え混ぜてソースとし、4にまわしかける。
6 EVオリーブ油をまわしかけ、マルドンの塩をふる。

ナスのバルサミコマリネ 生ハムのせ
世田谷バル

バルサミコ酢の酸味がきいたナスは、きりっと冷えた白ワインと好相性。生ハムをふわりとのせてボリュームアップ。

材料［1皿分］
ナスのマリネ……でき上がりより1/16量
|ナス……16本
|ニンニクのオイル漬け*……大さじ2
|バルサミコ酢……500㎖
|塩……30g
|砂糖……10～15g
|サラダ油
生ハム（スライス）……4枚
イタリアンパセリ（みじん切り）……適量
EVオリーブ油
＊ニンニク（みじん切り）をサラダ油に漬けたもの。

1 ナスのマリネをつくる。
①ナスは4等分の輪切りにし、170℃のサラダ油で揚げる。油を切る。
②鍋にニンニクのオイル漬けを入れ、キツネ色になるまで炒める。バルサミコ酢を加えてひと煮立ちさせ、塩、砂糖を加えて溶かし、火をとめる。熱々のうちに①を加え、粗熱をとり、冷蔵庫に1晩おく。
2 器にマリネしたナスを並べ、それぞれに生ハムをのせる。EVオリーブ油をまわしかけ、イタリアンパセリを散らす。

白ねぎのマリネ
富士屋本店ワインバー

白ネギのやさしい甘みに、アンチョビの塩気がアクセント。ネギの風味を引き出すアサリのだしが、縁の下の力持ちだ。

材料［1皿分］
白ネギ……1本
アサリのだし（P.220）……70㎖
バーニャカウダソース（P.220）……適量
糸唐辛子……適量
EVオリーブ油、塩

1 白ネギは長さ4cmに切り、アサリのだし、塩、EVオリーブ油とともに蒸し煮にする。そのまま冷やす。
2 白ネギを皿に盛り、1切れずつにバーニャカウダソースをのせる。糸唐辛子を添える。

ガスパチョ
バル デ エスパーニャ ペロ

ガスパチョ 海の幸を添えて
ポキート

富士屋本店ワインバー
芽キャベツのブレゼ

バール タッチョモ
アボカドとトマトのヤキレーゼ

焼きヒメダケ＆焼きヤングコーン
魚河岸バル 築地タマトミ

パドロン
三鷹バル

ガスパチョ
バル デ エスパーニャ ペロ

夏野菜のうまみを凝縮した冷製スープ。細かく切った野菜を盛り込み、しゃきしゃきとした食感とフレッシュ感も演出。

材料［8〜9皿分］
トマト……600g
キュウリ……100g
玉ネギ……30g
緑パプリカ……40g
赤パプリカ……20g
食パン*1……50g
ニンニク（粗みじん切り）……2g
白ワインヴィネガー……適量
シェリーヴィネガー……適量
水……適量
トッピング用野菜*2……適量
クルトン（さいの目に切る）……適量
イタリアンパセリ（みじん切り）……適量
EVオリーブ油、塩
＊1 白い部分のみ使う。
＊2 玉ネギ、緑・赤パプリカ（各粗みじん切り）を同割で合わせる。

1 トマトは皮をむいて種を取り、ざく切りにする。キュウリは種を取り、スライスする。玉ネギとパプリカ2種はそれぞれ適当な大きさにスライスする。食パンは適当な大きさにちぎる。
2 ボウルに、1、ニンニク、白ワインヴィネガー、塩、EVオリーブ油を入れ、冷蔵庫に1晩おく。
3 2を汁ごとミキサーに移し、シェリーヴィネガーと水で濃度を調整しながら、なめらかになるまで撹拌する。
4 グラスに注ぎ、トッピング用野菜を中央に沈め、クルトンとイタリアンパセリを散らす。EVオリーブ油をまわしかける。

ガスパチョ 海の幸を添えて
ポキート

なめらかなタッチのガスパチョの進化形。ソルベとペーストの2つの形にして、最後の一口までひんやりと。

材料［1皿分］
ガスパチョ……でき上がりより150㎖
 トマト……500g
 キュウリ……1/2本
 玉ネギ……1/2個
 赤・黄パプリカ……各1/4個
 バゲット（スライス）……4枚
 ニンニク……1片
 水……225㎖
 EVオリーブ油……75㎖
 シェリーヴィネガー……35㎖
 塩、コショウ
キュウリのソース
 キュウリ（すりおろす）……30g
 EVオリーブ油……20㎖
 塩、レモン汁……各少量
甘エビ……1尾
ホタテ貝柱……1個
ウニ……3枚
キュウリ（5㎜の角切り）……5個
黄パプリカ（5㎜の角切り）……5個
バゲットのクルトン（5㎜の角切り）……5個
マイクロトマト（枝付き）……4〜5個
アサツキ（きざむ）……少量
塩

1 ガスパチョをつくる。材料をミキサーやパコジェット（冷凍粉砕機）にかけてペースト状にし、裏漉しする。冷凍する。
2 1を1皿分削り出し、半量はアイスクリームディッシャーで丸く整えて器に入れ、残りは溶かして器に入れる。こうすると冷たさが保てる。
3 キュウリのソースをつくる。材料を混ぜ合わせる。
4 甘エビは胴の殻をむく。ホタテ貝柱は4等分に切って軽く塩をふる。
5 4を2に盛り、ウニも盛り合わせる。キュウリ、黄パプリカ、バゲットのクルトンを散らし、マイクロトマトを添える。3のソースを流し、アサツキを散らす。

芽キャベツのブレゼ
富士屋本店ワインバー

芽キャベツの蒸し煮に、塩気のきいたカラスミでアクセントをつけた。プチ野菜を使って、シェアしやすい仕立てに。

材料［1皿分］
芽キャベツ……5個
アサリのだし（P.220）……70㎖
バター……大さじ1
カラスミパウダー……小さじ1
トビコ……小さじ1

1　芽キャベツは半分に切り、アサリのだし、バターとともにスチームケースに入れて5分蒸し煮にする。
2　フライパンで1の芽キャベツに軽く焼き色をつける。1の煮汁とともに皿に盛り、上からカラスミパウダーを散らして、トビコをあしらう。

焼きヒメダケ&焼きヤングコーン
魚河岸バル 築地タマトミ

1本丸ごとオーブンで焼き、皮付きのまま豪快に盛り付け。えぐみのない自然な甘みは、フレッシュなものならでは。

材料［1皿分］
姫竹……4本
ヤングコーン……4本
EVオリーブ油、塩

1　姫竹とヤングコーンは、それぞれ皮付きのまま流水で洗って表面の汚れを落とし、250℃のオーブンで10分焼く。皿に盛り付け、塩、EVオリーブ油をそれぞれ別皿に盛って添える。

アボカドとトマトのヤキレーゼ
バール タッチョモ

「カプレーゼ」を野菜の甘さが引き立つ温菜にアレンジ。スモークしたチーズとハーブ入りパン粉で香りも演出。

材料［1皿分］
アボカド（スライス）……1/2個
トマト（スライス）……1/2個
モッツァレラチーズ……30g
ハーブパン粉……でき上がりより適量
　ローズマリー（みじん切り）……適量
　タイム（みじん切り）……適量
　セージ（みじん切り）……適量
　ニンニク（みじん切り）……適量
　赤唐辛子……適量
　ドライパン粉……適量
ヒッコリーのウッドチップ……適量
バジル……適量
オリーブ油、塩、コショウ

1　ハーブパン粉をつくる。オリーブ油をひいたフライパンで、ハーブ3種、ニンニク、赤唐辛子を炒める。香りが立ってきたら赤唐辛子を取り除き、ドライパン粉を加える。全体がなじんだら、塩で味を調える。
2　モッツァレラチーズは、ヒッコリーのウッドチップで冷燻にする。アボカドやトマトと同じ厚さにスライスする。
3　耐熱容器の端から、アボカド、トマト、2を少し重なるようにして順に並べる。塩、コショウをふり、オリーブ油をまわしかける。
4　1をふり、180℃のオーブンで10分焼く。バジルを添える。

パドロン
三鷹バル

シシ唐に似た青唐辛子「パドロン」のソテーはバルの定番。くたっとするまで炒め、苦みを残しつつうまみを引き出す。

材料［1皿分］
シシ唐……15〜20本
オリーブ油、塩

1　シシ唐をオリーブ油で炒め、軽く焦げ目をつける。
2　塩で味を調え、皿に盛る。

バール タッチョモ
オリーブフリット

フリーゴ
いろいろキノコのクミン風味

フリットオリーブ
キッチン セロ

マッシュルームの生ハム詰め焼き
エル ブエイ

こんにゃくのゴルゴンゾーラソース
キッチン セロ

カブのロースト
日仏食堂 トロワ

にんにくのスープ
スペインバル＆レストラン バニュルス

オリーブフリット
バール タッチョモ

オリーブを揚げるとどうなる？　答えは、酒との相性がいっそうよくなる。コツは細かく挽いたパン粉を使うこと。

材料［1皿分］
黒オリーブ……15個
薄力粉……適量
牛乳……適量
ドライパン粉*1……適量
付け合わせ野菜*2……適量
レモン（くし形切り）……適量
サラダ油、塩
＊1 フードプロセッサーで十分に細かくなるまで撹拌する。
＊2 レタス、水菜、ベビーリーフなど。それぞれ食べやすい大きさに切る。

1　薄力粉に牛乳を少しずつ混ぜ、塩を加え、どろっとした状態の衣をつくる。
2　1に黒オリーブをくぐらせ、ドライパン粉をまぶす。
3　180℃のサラダ油で3〜4分揚げ、皿に盛り付ける。付け合わせ野菜とレモンを添える。

フリットオリーブ
キッチン セロ

かりっと揚がった衣の中からオリーブのジューシーさがはじける。ハムやアンチョビの塩気もきかせたおつまみメニュー。

材料［1皿分］
緑オリーブ（種なし）……4個
自家製ドライトマト（P.14）……2個
フィレアンチョビ……1枚
生ハム（みじん切り）……適量
小麦粉……適量
溶き卵……適量
生パン粉……適量
パセリ（みじん切り）……適量
サラダ油

1　緑オリーブは水にさらし、塩抜きする。
2　自家製ドライトマトとフィレアンチョビは合わせて包丁で叩く。
3　1の2個に2を詰め、残りの2個には生ハムを詰める。それぞれ小麦粉をまぶし、溶き卵にくぐらせ、生パン粉をつけて180℃のサラダ油で揚げる。
4　半割りにして器に盛り、パセリをふる。

いろいろキノコのクミン風味
フリーゴ

バルの定番、オイル煮を牛乳でアレンジ。牛乳で煮込んだキノコは、ライトながらコクは十分。クミンが隠し味。

材料［1皿分］
好みのキノコ（3〜4種類*）……2つかみ
ニンニク（みじん切り）……小さじ1/2
クミンパウダー……2つまみ
牛乳……適量
イタリアンパセリ（きざむ）……適量
バター……小さじ1/2
オリーブ油……小さじ1/2
塩、コショウ
＊ここでは椎茸、舞茸、シメジ、白シメジを使用。

1　キノコは食べやすい大きさに切ったり、ほぐしたりする。
2　鍋にバターとオリーブ油を熱し、ニンニクと1を炒める。キノコがくたっとしたら、塩、コショウで味を調え、クミンパウダーを加える。クミンの香りが立ってきたら、牛乳をキノコが8割方ひたるまで注ぎ、しばらく煮込む。
3　素焼きの土鍋に移し、ぐつぐつ沸かしてとろみがつくまで煮詰める。味をみて、必要ならクミンを足す。イタリアンパセリをふる。

マッシュルームの生ハム詰め焼き
エル ブエイ

オリーブ油をふってジューシーに焼き上げる。熱々をほおばると、土の香りと生ハムのうまみが口いっぱいに広がる。

材料［30皿分］
マッシュルーム……7個
生ハム*1……適量
ニンニクのオイル漬け*2……適量
イタリアンパセリ（みじん切り）……適量
EVオリーブ油、塩
＊1 イベリコ・ベジョータの切り落とし肉をきざんだもの。
＊2 ニンニク（みじん切り）をオリーブ油に漬けたもの。

1　マッシュルームは軸を取り、くぼみに生ハムを詰め、素焼きの土鍋に並べる。
2　生ハムの上に、ニンニクのオイル漬けとイタリアンパセリをのせる。EVオリーブ油をまわしかけ、塩をふる。
3　2を250℃のオーブンで7〜8分焼き、彩りとしてイタリアンパセリを飾る。

カブのロースト
日仏食堂 トロワ

根はロースト、葉と茎は色鮮やかなソースにしてカブの魅力を余さず伝える。生ハムのコクと塩気を添えて。

材料［1皿分］
カブ……5個
カブのソース……でき上がりより1/5量
　カブ（スライス）……1個
　カブの茎（長さ2～3cmに切る）……1束分
　カブの葉（長さ2～3cmに切る）……1束分
　ニンニク……1/2片
　フィレアンチョビ……2枚
　玉ネギ（スライス）……1/2個
　白ワイン……少量
　フュメ・ド・サンジャック*（または水）……100ml
ニンニク（皮付き）……1片
生ハム（スライス）……適量
松の実（ローストしたもの）……適量
オリーブ油……20ml
EVオリーブ油、塩
＊ホタテ貝をベースとするだし汁。

1 カブのソースをつくる。
①鍋に半量のオリーブ油をひき、ニンニクとフィレアンチョビを入れ、香りが立つまで炒める。カブと玉ネギを加え、火が通るまで炒める。
②カブの茎を加え、塩をふって蓋をし、茎に火が通るまで蒸し焼きにする。白ワインをふってアルコール分を飛ばし、フュメ・ド・サンジャックを加えて5分煮る。
③カブの葉を加え、ひと煮立ちしたら火をとめ、鍋ごと氷水にあてて粗熱をとる。
④③をミキサーに移し、なめらかなペーストになるまで撹拌し、漉して鍋に戻す。火にかけて塩で味を調え、冷ます。
2 カブは皮をむいて4等分に切る。残りのオリーブ油をひいたフライパンに切り口を下にして入れ、ニンニクを皮付きのまま加えて中火にかける。フライパンが温まったら揺すってカブ全体に油をなじませる。
3 再び切り口を下にして並べ、200℃のオーブンで5分焼く。もう一方の切り口を下にし、さらにオーブンで5分焼き、塩をふる。
4 1を温めて器に流し、3のカブとニンニクを盛り付ける。生ハムをのせ、松の実を散らし、EVオリーブ油をまわしかける。

こんにゃくのゴルゴンゾーラソース
キッチン セロ

ゴルゴンゾーラチーズ風味の濃厚なソースを、コンニャクとクルミの食感でリズムよく味わえる独創的な一皿。

材料［1皿分］
黒コンニャク（一口大にちぎる）……1/4枚
クルミ（ローストしたもの）……2個
ゴルゴンゾーラチーズ……大さじ1
バター……大さじ1
生クリーム……30ml
濃口醤油……少々
パセリ（みじん切り）……少量

1 フライパンにバターを溶かし、クルミを軽くつぶしながら入れる。黒コンニャクを加え、強火で水分を飛ばしながらコンニャクの表面をかりっと炒める。
2 ゴルゴンゾーラチーズを加えて火を弱め、さらに生クリームを加えてチーズを溶かすように混ぜる。濃口醤油を入れてひと混ぜし、器に盛る。パセリを散らす。

にんにくのスープ
スペインバル＆レストラン バニュルス

卵黄を崩し、パンにスープを吸わせて食べるのが流儀。ニンニクだけじゃないうまみの正体は鶏のだしと生ハム。

材料［1皿分］
ニンニク（スライス）……2片
赤唐辛子……1本
生ハム*1……1つかみ
チョリソー（粗みじん切り）……1つかみ
玉ネギ（スライス）……1/2個
鶏のだし（P.216）……200ml
バゲット……3枚
卵黄……1個分
ニンニクチップ*2……適量
イタリアンパセリ（みじん切り）……適量
ピマンデスペレット*3（粉末）……適量
オリーブ油、塩、黒コショウ
＊1 ハモン・イベリコの切り落とし肉をきざんだもの。
＊2 ニンニク（スライス）をオリーブ油でキツネ色に揚げ、軽く塩をふったもの。
＊3 フランス・エスプレット産の赤唐辛子。

1 オリーブ油をひいた鍋に、ニンニク、赤唐辛子、生ハムを入れて香りが立つまで炒める。
2 チョリソーと玉ネギを順に入れ、玉ネギが飴色になるまでしっかりと炒める。鶏のだしを入れ、軽く煮詰める。塩、黒コショウで味を調える。
3 素焼きの土鍋に盛り、バゲットを浮かべ、卵黄を落とす。ニンニクチップとイタリアンパセリを散らし、卵黄の上に塩、黒コショウ、ピマンデスペレットをふる。

玉葱のキッシュ
日仏食堂 トロワ

茄子と鴨のラグーの
モッツァレラグラタン
トラットリア・バール イルギオットーネ

ひよこ豆とソーセージの
カレー風味チリビーンズ

世田谷バル

焼きリボリータ

イタリアン バール ラ ヴィオラ

玉葱のキッシュ
日仏食堂 トロワ

玉ネギだけでつくるシンプルなキッシュ。じっくり炒め、こんがりと色づくまで焼き込み、甘みをぎゅっと凝縮する。

材料[7皿分(直径20cmのタルト型1台分)]
炒め玉ネギ……でき上がりより500g
　玉ネギ(スライス)……2kg
　エシャロット(スライス)……80g
　グレープシードオイル……20ml
　バター……20g
　塩……12g＋適量
アパレイユ
　卵……2個
　卵黄……2個分
　生クリーム……70ml
　牛乳……120ml
グリュイエールチーズ(シュレッド)……20g
焼いたタルト生地(P.218)……直径20cmのタルト型1台分
トマトのフォンダン(P.218)……適量

1 アパレイユをつくる。すべての材料をボウルに入れてよく混ぜ、漉す。
2 炒め玉ネギをつくる。熱した鍋にグレープシードオイル、玉ネギ、エシャロットを入れ、炒める。焦げ始める頃にバター、塩(12g)を加え、水分がなくなるまで弱火で2時間ほど炒める。塩(適量)で味を調える。
3 2を熱いうちにボウルに移し、1(5でも使うので150gを残す)とグリュイエールチーズを加え、泡立て器でよく混ぜる。
4 型に入れたままの焼いたタルト生地に3を流し込み、150℃のオーブンで30分焼き、粗熱をとる。
5 3で残しておいたアパレイユをかけ、150℃のオーブンで20分焼く。完全に冷ます。
6 7等分に切り分け、オーブンで温めて器に盛る。トマトのフォンダンを添える。

茄子と鴨のラグーのモッツァレラグラタン
トラットリア・バール イル ギオットーネ

ナスは素揚げ、鴨はコンフィにしてうまみアップ。トマトソースはフレッシュな風味を損なわぬよう、注文ごとにつくる。

材料[1皿分]
ナス……2本
鴨モモ肉のコンフィ……でき上がりより80g
　鴨モモ肉……適量
　トレハロース……肉の重量の0.7%
　塩……肉の重量の1.4%
　EVオリーブ油……適量
トマトソース……でき上がりより100ml
　トマト*……100g
　ホールトマト……100g
　ニンニク(半分に切る)……1片
　EVオリーブ油……60ml
モッツァレラチーズ(スライス)……50g
パルミジャーノ・レッジャーノ(すりおろす)……適量
ペースト・ジェノヴェーゼ(P.217)……20g
太白ゴマ油
*種を取り除き、粗みじん切りにしたもの。

1 鴨モモ肉のコンフィをつくる。
①鴨モモ肉は、トレハロースと塩をすり込み、ビニール袋に入れ、冷蔵庫に1日おく。
②①のビニール袋にEVオリーブ油を加え、真空パックし、85℃のスチームコンベクションオーブンで6時間加熱する。袋から取り出し、ほぐす。
2 ナスは縦に3等分に切り、180℃の太白ゴマ油で3〜4分揚げる。
3 トマトソースをつくる。鍋にEVオリーブ油とニンニクを入れ、火にかける。香りが立ってきたらニンニクを取り出し、トマトとホールトマトを入れ、トマトをつぶしながらさっと煮る。
4 別の鍋に3を1皿分とり、2/3量程度まで煮詰め、1を加えてからめる。
5 耐熱容器に、4、モッツァレラチーズ、パルミジャーノ・レッジャーノ、2、4、モッツァレラチーズ、パルミジャーノ・レッジャーノの順に重ね、ペースト・ジェノベーゼをたらす。200℃のオーブンで10〜15分焼く。

ひよこ豆とソーセージの
カレー風味チリビーンズ
世田谷バル

トマトの酸味とガラムマサラのスパイシーな風味をきかせたヒヨコ豆の煮込み。ソーセージの塩気が酒を誘う。

材料［20皿分］
ヒヨコ豆（水煮）……1.6kg
ソーセージ……1kg
ニンニク（みじん切り）……大さじ2
ホールトマト……2.5kg
カレー粉……30g
ガラムマサラ……10g
カイエンペッパー……8〜10g
ミックスチーズ（スライス）……適量
パセリ（みじん切り）……適量
オリーブ油、塩、コショウ

1　ヒヨコ豆は軽く水洗いする。ソーセージは幅5mmに切る。
2　鍋にオリーブ油をひき、ニンニクを軽く色づくまで炒める。ソーセージを加え、軽く炒めたらヒヨコ豆、ホールトマト、カレー粉、ガラムマサラ、カイエンペッパーを加えて約1時間煮る。塩、コショウで味を調える。
3　耐熱容器に盛り、ミックスチーズをのせる。オーブントースターで、チーズが溶け、焼き色がつくまで加熱する。パセリを散らす。

焼きリボリータ
イタリアン バール ラ ヴィオラ

リボリータは白インゲン豆、野菜、パンを使うトスカーナ伝統のスープ。それをオーブンで焼いてグラタン風にアレンジ。

材料［50皿分］
白インゲン豆（乾燥）……600g
チリメンキャベツ（太めのせん切り）……1個
玉ネギ（みじん切り）……400g
ニンニク（みじん切り）……30g
生ハム（せん切り）……200g
トマトソース（P.214）……300mℓ
水……適量
バゲット（スライス）……1枚
パルミジャーノ・レッジャーノ（すりおろす）……適量
イタリアンパセリ（みじん切り）……適量
EVオリーブ油……適量
オリーブ油……100mℓ
塩……5g
黒コショウ……3g

1　白インゲン豆は水に1晩ひたしてもどす。
2　オリーブ油をひいたフライパンで玉ネギとニンニクを炒める。香りが立ってきたらチリメンキャベツと生ハムを加え、しんなりするまで炒める。
3　2に1（400g）とトマトソースを入れ、水をひたひたに加えて3時間煮る。
4　塩と黒コショウで味を調え、残りの1を加えて15分煮る。バットに広げ、冷蔵庫で冷ます。
5　耐熱容器に焼いたバゲットをのせ、その上から温めた4を盛る。パルミジャーノ・レッジャーノを散らし、250℃のオーブンで5分焼く。
6　EVオリーブ油をまわしかけ、イタリアンパセリを散らす。

3.5坪の空間に常連客が日々集う。
静かに、熱く愛される"わが町のバル"

三鷹バル
MITAKA BAR

東京都三鷹市井の頭2-14-8
☎ 0422-77-4559

　京王井の頭線・三鷹台駅から徒歩2分。駅前から1本入った静かな通りに、夕暮れになるとぽっと「BAR」の灯りがともる。「三鷹バル」は、店主の一瀬智久さんが28歳で開いた小さなスペインバルだ。物件は築30年以上の一軒家で、内装は一瀬さんが友人たちと手がけた。細いカウンターの両脇にはお客が10人も入れば埋まってしまうスタンディングスペースと、さらにタイトな厨房のみ。そんな手づくりの極小空間に地元の常連客が日々集い、店は夜がふけるにつれて心地よいざわめきで満ちていく。

　開業前に一瀬さんが抱いていたイメージは、旅先のスペインの田舎町で訪れたバル。地元の社交場としても機能し、お客が気さくに声をかけ合う雰囲気に惹かれて独立する時はバルで、と決めた。人々の暮らしに寄り添う「地元になくてはならない店」——そんな店をつくりたいと自身の住む三鷹で物件を探し、出会ったのがこの一軒家だ。広さの面から、客席は立ち飲みオンリーに。厨房設備も家庭用ガスコンロにオーブンレンジなど必要最低限。フードは、この厨房で1人で調理しても無理なく提供できるものを模索し、開業1年ほどで現在のタパス中心の品揃えに落ち着いた。

　いずれの皿も見た目はごくシンプルだが、味の肝となる塩加減や火の通し方には注意を払う。定番タパスもさりげなく三鷹バル流。イワシの酢漬けは、酢締め感覚でフレッシュに仕上げたり、自家製アンチョビは毎年1月に1年分をまとめて仕込み、熟成がすすむにつれて変化する味を楽しんでもらうなど、おもしろみのある人気商品に育ててきた。日常的に利用してもらうため、1皿300円〜600円の価格設定も譲らなかった点だ。「地元になくてはならない店」を目指して積み重ねた一つひとつのディテールが、今日も常連客を三鷹バルに向かわせる力になっている。

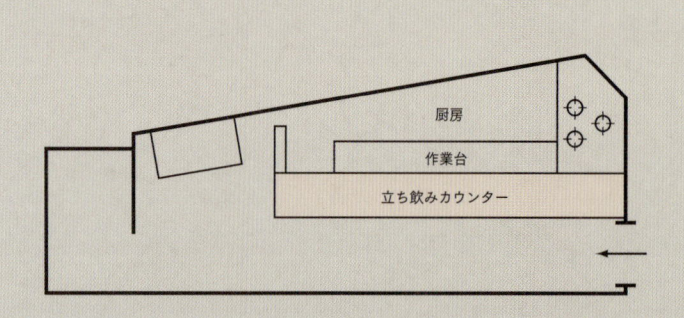

◎営業時間：18時〜23時 L.O.
　　　　　（ドリンク23時30分 L.O.）
◎定休日：日曜・祝日
◎店舗規模：3.5坪
◎客単価：2500円
◎フード中心価格帯：300円〜600円
◎ワイン中心価格帯：グラス500円〜700円
　　　　　　　　　　ボトル2500円〜3500円
◎アルコール売上げ比率：60%
◎開業年月：2006年10月

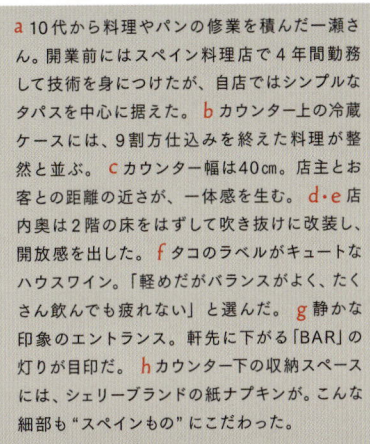

a 10代から料理やパンの修業を積んだ一ノ瀬さん。開業前にはスペイン料理店で4年間勤務して技術を身につけたが、自店ではシンプルなタパスを中心に据えた。b カウンター上の冷蔵ケースには、9割方仕込みを終えた料理が整然と並ぶ。c カウンター幅は40㎝。店主とお客との距離の近さが、一体感を生む。d・e 店内奥は2階の床をはずして吹き抜けに改装し、開放感を出した。f タコのラベルがキュートなハウスワイン。「軽めだがバランスがよく、たくさん飲んでも疲れない」と選んだ。g 静かな印象のエントランス。軒先に下がる「BAR」の灯りが目印だ。h カウンター下の収納スペースには、シェリーブランドの紙ナプキンが。こんな細部も"スペインもの"にこだわった。

アットホームな雰囲気、スピード提供、
明朗会計のストレスフリーな店づくり

世田谷バル
SETAGAYA BAL

東京都世田谷区代田1-40-5
☎ 03-6324-2831
http://www.setagayabal.com

　いずれの最寄駅からも徒歩10分以上の住宅街にありながら、連日すし詰め状態の人気店「世田谷バル」。オーナーの高城直弥さんは調理師学校卒業後、ホテルやイタリア料理店を経て、2008年4月、27歳で独立。世田谷の住宅街にわずか4坪の物件を借り、カウンターのみの"立ち飲みバル"として営業することに。内装はほぼ手づくりしてコストを抑え、220万円の超低投資で開業を果たした。

　アルコールは、グラスなら何でも500円、ボトルワインは2500円均一の価格設定。ワインのセレクションは、飲んですぐにおいしいと感じる、一般のお客にわかりやすいものが中心だ。グラスワインは日替わりで常時5～6銘柄を揃えており、次々と新しいボトルが抜栓されるので、訪れるたびにいろいろな味わいが楽しめる。

　料理も一部を除いて500円均一だが、いずれもボリュームたっぷりのお値打ちの品。

「ワインに合うもので、"とにかく待たせない！"ことがコンセプト」と語る高城さん。メニューにはレバーパテのような定番のつまみから、グラタンや煮込みなどの温菜、豚肉のグリルなどのメインまで約20品をラインアップしているが、大半の料理がオーダーから3分以内で客席に届く。仕込みには手間隙かけて、仕上げはスピーディに——それがメニュー設計の勘どころだ。

　加えて、小体な店ならではのコミュニケーションやライブ感も、訪れるお客の楽しみのひとつ。狭いカウンターをはさみ、お客と従業員が絶えず言葉をかけ合うのが日常の光景。明朗会計、スピード提供、アットホームな雰囲気——ストレスフリーな居心地のよさは立っていることを忘れるほどだ。2011年5月には、渋谷に着席スタイルの2号店もオープン。価格設定は世田谷バルとほぼ同じで、コストパフォーマンスのよさは健在だ。

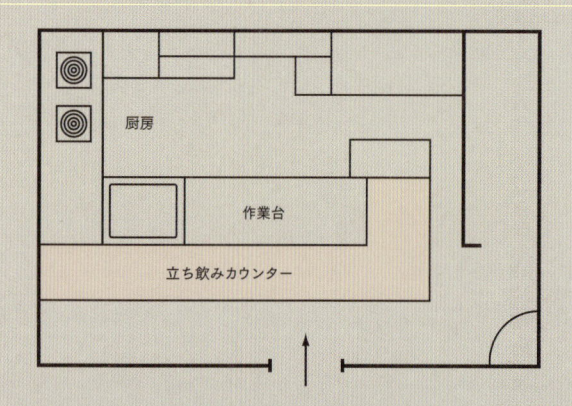

○営業時間：19時～翌2時（翌1時L.O.）
○定休日：日曜（月曜不定休あり）
○店舗規模：4坪
○客単価：2500円
○フード中心価格帯：500円
○ワイン中心価格帯：グラス500円、ボトル2500円
○アルコール売上げ比率：60％
○開業年月：2008年4月

a 厨房は狭く、IH調理器2台、オーブンレンジ、オーブントースターのみという装備ながら、前菜からごはんものまでバリエーションに富んだメニューを揃える。**b**「ライ麦パンのドライトマト・オリーブ・クリームチーズのディップ」(写真手前)など、パンに合うつまみを300円均一で2〜3品用意。山盛りのパンは100円。**c** カウンターやワインラックなどは手づくりして開業コストを削減。**d** グラスワインはどれもボトル1本から5杯取りとたっぷりの分量。5杯目はボトルに残さずに注ぐため量が多くなりがちで、それを狙って注文するお客も。**e** もとは事務所だった物件は、大きなガラス窓とレンガの壁が特徴的。バル業態とミスマッチに見えるレトロな造作が独特の空気感を生む。

食材もワインも生産者重視のセレクト。
ニッポン素材を元気なバルスタイルで

キッチン セロ
kitchen cero

東京都品川区上大崎2-13-44 大庭ビル1F
☎ 03-5791-5715
http://www.to-vi.jp/cero/index.html

　JR目黒駅から徒歩1分の好立地にあって、連日満席の人気を博している「キッチンセロ」は、「立喰酒場BUCHI」や「bongout noh」など4店を展開する㈱東美が2007年に開業したバルだ。

　オープン時はスペインバルブームだったが、「バルの活気はそのままに、より日本人になじむ形を」と考えてつくったのがこの店だ。店内の主役は食材や料理が並ぶ冷蔵ケース付きのカウンターで、キッチンはフルオープン。こうした活気あふれる雰囲気はスペインのバルを踏襲しつつ、照明は明るく、立ち飲みではなく座り心地のよい幅のあるハイスツールを配するなど、バルになじみのない人でもくつろげる空間に仕上げた。

　フードもジャンルにはこだわらない。食材は、なるべく生産者から直接仕入れることを重視するため国産が中心。醤油や味噌、ワサビなど和の調味料も多用するが、"着地点はあくまでも洋"が狙うポイントだ。客席に置かれたメニュー表には、「プーアールクルミ」「モツのワイン味噌煮込みに落とし卵」という具合に「どんな味だろう？」と思わせる料理名が並ぶ。またワインも国産に注力し、「日常的な選択肢として定着させたい」と、200銘柄のストックのうち60銘柄が国産。グラスワインのリストでは、少なくとも赤・白各2銘柄の国産ワインを組み込むなど、さりげなくその魅力をアピールしている。国産ワインに注目が集まる昨今、目的客も増加中だ。

　なお、同店はソムリエの資格を持つ女将の岩倉久恵さん、シェフの二反田久見子さんを筆頭に、調理も接客も女性のみで切り盛りしている。そのためか、どの皿も野菜がたっぷり、味つけも繊細な印象だ。取り皿をこまめに替えたり、会計時にはハーブティーをサービスするといった細やかな心遣いも、人気の理由だろう。

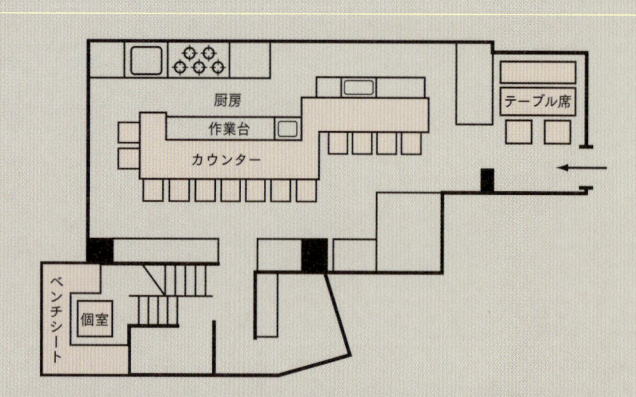

◎営業時間：17時〜翌1時
◎定休日：無休
◎店舗規模：15.6坪23席
◎客単価：5500円
◎フード中心価格帯：800円〜1000円
◎ワイン中心価格帯：グラス700円
　　　　　　　　　　ボトル4000円〜5000円
◎アルコール売上げ比率：55%
◎開業年月：2007年6月

a 手書きのグラスワインリストには、国産を含め、さまざまな国籍のワインが。**b** 国産ワインは必ず生産地に足を運び、つくり手と直接顔を合わせて仕入れるのが岩倉さんのポリシー。醸造だけでなく、ブドウ栽培の段階から国産のワインのみを扱う。**c** フードはオリジナリティ豊か。新メニューはスタッフみんなが試食し、全員のOKが出たところで商品化される。**d** 女性スタッフが元気に働く姿も、さわやかな雰囲気づくりに一役かっている。**e・f** カウンター後ろの壁面はつくり付けのワインセラー。ボトルに直接価格を書き込んでおり、お客が自分でセラーから選ぶこともできる。**g** 店奥の"小上がり"的な個室はプライベート感があり、グループ客に人気。

ビオワインをもっと気軽に。好みの1本を
ナチュラルなフレンチと合わせて

日仏食堂 トロワ
trois

東京都世田谷区三軒茶屋2-15-14 ABCビル110
☎ 03-3419-0330
http://www.trois-sakaba.jp

　「日仏食堂 トロワ」は、空間デザイナーの馬場俊輔さん、ソムリエールの菅野貴子さん、シェフの植木毅さんの3人のアイデアが結集した店だ。「トロワ」とはフランス語で「3」の意味。3人とも3月生まれで、誕生月に三軒茶屋で開業を果たしたというストーリーが、店名に隠されている。

　コンセプトは、「ビオワインとフレンチを気軽に楽しめる店」。店舗は10坪で、オープンキッチンを囲むL字型のカウンター席と、テーブル席で構成されている。内装は白を基調に、フランス風のインテリアを意識したシンプルなデザイン。納屋で使われていた引き戸を用いるなど日仏のテイストを融合させ、またカウンター席には足掛けや荷物用のフックを取り付けるなど、ぬくもりがあり、居心地のよい空間を生み出している。

　ワインのラインアップは、赤・白、泡を合わせて80銘柄ほど。「赤はローヌ、白はロワールやラングドックなど、フランスは手頃な価格でおいしいビオワインが多い」という菅野さんの言葉通り、フランス産を中心に3600円～8000円の価格帯で揃えている。料理と合わせてすいすい飲める素直なワインが多く、来店客の7割を女性が占める同店だが、ボトルで楽しむお客がほとんどだという。

　一方、料理は、フレンチ出身の植木さんが担当。客単価数万円の高級店をはじめ10年間に及ぶ調理経験で培ったテクニックで、食べ手を目でも楽しませる彩り豊かな一皿をつくり上げる。メニューは、「定番料理はよそよりおいしく。それに加えて個性のある料理を提供する」ことをモットーに、「玉葱のキッシュ」や「白インゲン豆と塩豚の煮込み」など常時30品程度を用意。季節感を重視し、内容は1ヵ月半程度のペースで入れ替える。野菜をふんだんに取り入れたナチュラルな味わいで、ビオワインとの相性も抜群だ。

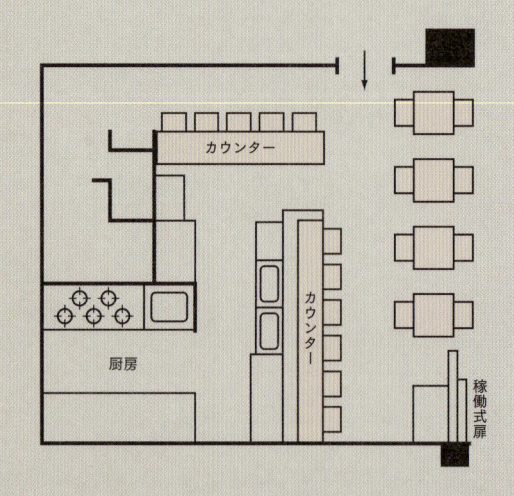

◎営業時間：18時～翌0時
◎定休日：日曜
◎店舗規模：10坪19席
◎客単価：4000円
◎フード中心価格帯：850円
◎ワイン中心価格帯：グラス800円
　　　　　　　　　ボトル5000円
◎アルコール売上げ比率：60%
◎開業年月：2009年3月

a ロワールの白やローヌの赤をはじめ、繊細な味のビオワインが充実。b フレンチベースのメニューは、野菜をふんだんに使い、盛り付けも色鮮やか。c 足掛けや荷物掛け、グラスや取り皿を置いた時のサイズ感にもこだわって設計したカウンターなど、細部にまで女性への配慮が行き届いている。d メニューは1ヵ月半程度のペースで入れ替える。煮込み料理であれば、夏はスパイシーなクスクス添え、冬は鹿肉の赤ワイン煮など季節感を重視。e 厨房内の棚もナチュラルなデザイン。f エントランスの扉に飾った滑車付きの照明や店内の椅子は、福岡のアンティークショップ「krank.」のもの。g ガラス張りの壁にワインボトルを並べ、外からも品揃えがわかるつくりに。

4

パンのつまみ

若鶏のレバーといろいろきのこのパテ
世田谷バル

レバーパテ
三鷹バル

鶏白レバームースのクロスティーニ
イタリアン バール ラ ヴィオラ

空豆ムースのクロスティーニ
イタリアン バール ラ ヴィオラ

ハムス
マル2階

自家製チーズ
富士屋本店ワインバー

若鶏のレバーと
いろいろきのこのパテ

世田谷バル

4種類の角切りキノコを混ぜ、楽しい食感に。クリームチーズや炒め玉ネギ、ケイパーで味に奥行きを出す。

材料［60皿分］
鶏レバー……3kg
エノキ茸、シメジ、舞茸、エリンギ（各1cm角に切る）
　……各150g
クリームチーズ……250g
炒め玉ネギ*……4個分
生クリーム……0.8〜1ℓ
ケイパー……大さじ3〜4
パセリ（みじん切り）……適量
オリーブ油……30mℓ＋適量
塩、コショウ
*玉ネギ（スライス）をオリーブ油で飴色に炒めたもの。

1　キノコ類はオリーブ油（適量）で炒め、冷ます。
2　鶏レバーは掃除し、塩、コショウをふる。オリーブ油（30mℓ）をひいたフライパンで、芯まで火を通す。
3　2をボウルに移し、クリームチーズ、炒め玉ネギ、生クリーム、ケイパーを入れ、ハンドミキサーで混ぜる。
4　1を加え混ぜ、器に盛り、パセリを散らす。

鶏白レバームースのクロスティーニ

イタリアン バール ラ ヴィオラ

なめらかさが際立つ鶏白レバーのペースト。玉ネギ、バジル、アンチョビなどを混ぜ込んで、複雑で豊かな味わいに。

材料［40皿分］
鶏白レバー（血管とスジを取り除き、半分に切る）……1kg
玉ネギ（スライス）……400g
白ワイン……100mℓ
フィレアンチョビ……30g
バジル……10g
ケイパー……30g
無塩バター（常温にもどす）……450g
バゲット（スライス）……適量
オリーブ油……75mℓ
塩……10g

1　オリーブ油をひいたフライパンで、玉ネギをキツネ色になるまで炒める。鶏白レバーを炒め合わせ、塩で味を調える。白ワインを加えてアルコール分を飛ばし、レバーに火が通ったら火からおろして冷ます。
2　1、フィレアンチョビ、バジル、ケイパー、無塩バターをフードプロセッサーに入れ、なめらかになるまで撹拌する。保存容器に移し、冷蔵庫で冷やす。
3　皿に2とバゲットを盛り付ける。

レバーパテ

三鷹バル

ラードや卵を加えてから湯煎でやわらかく火を入れたパテは、鶏レバーの甘みが引き立つなめらかな口当たりが鍵。

材料［10皿分（テリーヌ型1本分）］
鶏レバー……400g
A
　玉ネギ（スライス）……20g
　パセリ（みじん切り）……少量
　タイム（みじん切り）……少量
　ローリエ……1枚
　粒黒コショウ……15粒
　塩……10g
　ブランデー……20g
ラード……150g
牛乳……150g
卵……1個
バゲット（スライス）……適量
黒コショウ

1　鶏レバーは氷水に1時間ひたして血抜きし、水気を拭き取る。
2　Aの材料を混ぜ合わせ、1にまぶす。冷蔵庫に1晩おく。
3　ラードと牛乳を鍋に入れて火にかけ、沸騰させる。常温に冷ます。
4　フードプロセッサーに2と3を入れ、卵を加えてムラなく混ざるまで撹拌する。漉す。
5　テリーヌ型に流し、蓋をする。湯煎にして130℃のオーブンで1時間加熱する。
6　器に5をぎっしりと詰めて皿にのせ、挽いた黒コショウとかりかりに焼いたバゲットを添える。

ハムス
マル2階

ヒヨコ豆をペースト状にした「ハムス」は、中東地域の伝統料理。スパイシーなクミンが豆の甘みを引き立てる。

材料［つくりやすい分量］
ヒヨコ豆（乾燥）……500g
ニンニク（みじん切り）……40g
玉ネギ（みじん切り）……150g
A
　白ゴマペースト……70g
　ヨーグルト……50g
　レモン汁……20㎖
　クミンパウダー……適量
　EVオリーブ油……70㎖
　塩、コショウ
パプリカパウダー……適量
バゲット（スライス）……適量
イタリアンパセリ……適量
オリーブ油……70㎖
EVオリーブ油

1　ヒヨコ豆は、1晩水にひたしてもどす。茹でて薄皮をむく。
2　オリーブ油をひいた鍋で、ニンニクと玉ネギを炒め、色づく前にフードプロセッサーに移し、細かくなるまで撹拌する。
3　**2**のフードプロセッサーに**1**と**A**の材料を加え、なめらかになるまで撹拌する。
4　**3**を皿に盛り、中央にくぼみをつくる。EVオリーブ油をくぼみに注ぎ、パプリカパウダーをふる。焼いたバゲットを添え、イタリアンパセリを飾る。

空豆ムースのクロスティーニ
イタリアン バール ラ ヴィオラ

空豆の清々しさをストレートに伝えたいから材料は空豆と生クリームのみ。アクセントにパルミジャーノをちょっとだけ。

材料［6～7皿分］
空豆＊……250g
生クリーム（乳脂肪分47%）……100㎖
パルミジャーノ・レッジャーノ（粗く砕く）……適量
バゲット（スライス）……適量
＊さやをはずしたもの。

1　空豆は塩を加えた湯で茹で、薄皮をむく。水気を拭き取る。
2　**1**をフードプロセッサーにかけ、途中で生クリームを加えながら、なめらかになるまで撹拌する。
3　皿に**2**を盛り付け、パルミジャーノ・レッジャーノを散らし、バゲットを添える。

自家製チーズ
富士屋本店ワインバー

クレーム・ブリュレ？　と思いきや、食べたら塩味……のギャップが楽しいチーズメニュー。ミルキーなやさしい味わい。

材料［12皿分］
牛乳……250㎖
パルミジャーノ・レッジャーノ（すりおろす）……75g
卵……1個
卵黄……6個分
グラニュー糖……少量
生クリーム……600㎖
バゲット（スライス）……適量
塩……7g
白コショウ

1　牛乳、パルミジャーノ・レッジャーノ、塩、白コショウを鍋に入れ、弱火で一度沸かして牛乳にチーズの香りを移す。火からおろして冷ます。
2　卵、卵黄、グラニュー糖をボウルに入れてよく混ぜる。**1**と生クリームを順に加え混ぜ、漉す。
3　直径7㎝の耐熱容器に**2**を1/12量ずつ流し入れ、湯煎にして120℃のオーブンで40分ほど加熱する。
4　**4**の表面にグラニュー糖をふり、バーナーであぶって焼き色をつける。かりかりに焼いたバゲットを添える。

ピーマンとアンチョビのピンチョス
エル ポニエンテ ゴソ

ソーセージのピンチョス
エル ポニエンテ ゴソ

かにカマサラダのピンチョス
エル ポニエンテ ゴソ

カナッペ
ゴーダチーズとサラミ

カナッペ
ガーリックトースト

カナッペ
生ハムとトマト

カナッペ
オリーブとアンチョビ

マル2階

ピーマンとアンチョビのピンチョス
エル ポニエンテ ゴソ

素揚げして甘さを引き出したピーマンに、アンチョビで塩味とうまみ、唐辛子の酢漬けで酸味と辛味を重ねる。

材料［1皿分］
バゲット（スライス）……1枚
ピーマン……1個
フィレアンチョビ（細く切る）……適量
ピメントピキージョ*（細く切る）……適量
唐辛子の酢漬け……1本
EVオリーブ油、サラダ油、塩
＊赤ピーマン（ピキージョ種）の缶詰。スペイン製。

1　ピーマンは上部を切り落として種を取り除き、180℃のサラダ油で揚げ、塩をふる。
2　バゲットの片面にEVオリーブ油をぬり、1、ピメントピキージョ、唐辛子の酢漬けを重ね、楊枝を刺してとめる。フィレアンチョビをのせる。

かにカマサラダのピンチョス
エル ポニエンテ ゴソ

食感が楽しいカニかまぼこを、コルニッションやケイパーと合わせて洋風のサラダに。レモン汁でさっぱりと。

材料［1皿分］
バゲット（スライス）……1枚
カニかまぼこ……1本
玉ネギ（みじん切り）……適量
ピクルス（コルニッション、みじん切り）……適量
ケイパー（みじん切り）……適量
マヨネーズ……適量
レモン汁……適量
パセリ（みじん切り）……適量
EVオリーブ油、塩

1　バゲットの片面にEVオリーブ油をぬる。
2　ボウルにカニかまぼこをほぐし入れ、玉ネギ、ピクルス、ケイパー、マヨネーズ、レモン汁を加え混ぜ、塩で味を調える。
3　1に2をのせ、パセリをふり、楊枝を刺す。

ソーセージのピンチョス
エル ポニエンテ ゴソ

ホットドッグを髣髴とさせるピンチョス。ケチャップ、マヨネーズなどなじみのある味で、幅広い客層にアピール。

材料［1皿分］
バゲット（スライス）……1枚
ソーセージ……1本
トマト（スライス）……適量
レタス（ちぎる）……適量
マヨネーズ……適量
ケチャップ……適量
粒マスタード……適量
イタリアンパセリ（みじん切り）……適量
EVオリーブ油、オリーブ油

1　バゲットの片面にEVオリーブ油をぬり、トマトとレタスを重ねる。
2　オリーブ油をひいたフライパンでソーセージを炒める。
3　1に2をのせ、楊枝を刺してとめる。マヨネーズ、ケチャップをかけ、粒マスタードを添える。イタリアンパセリを飾る。

カナッペ ゴーダチーズとサラミ
`マル2階`

ニンニク風味のバゲットに、味の濃いゴーダチーズとサラミの風味を重ね、万人に好まれるピッツァ風の味に。

材料[1皿分]
バゲット（スライス）……1枚
ナポリサラミ（スライス）……1枚
ゴーダチーズ（薄くスライス）……1枚
パプリカパウダー……適量
ニンニク……適量

1　バゲットは軽く焼き、片面にニンニクをこすりつける。
2　ナポリサラミとゴーダチーズを順にのせ、サラマンダーでチーズが溶けるまで焼く。パプリカパウダーをふる。

カナッペ ガーリックトースト
`マル2階`

バゲットはぶ厚く切って存在感を出す。おろしニンニクとガーリックパウダーをきかせたパンチのある味わい。

材料[1皿分]
バゲット（スライス）……1枚
ガーリックバター……でき上がりより適量
　ニンニク（すりおろす）……58g
　無塩バター……450g
　パセリ（みじん切り）……適量
　ホワイトペッパーパウダー……適量
　ガーリックパウダー……適量
　塩

1　ガーリックバターをつくる。やわらかくした無塩バターに残りの材料を混ぜ合わせる。
2　バゲットの片面に1をぬり、サラマンダーでこんがりと焼く。

カナッペ 生ハムとトマト
`マル2階`

シンプル イズ ベスト。生ハムの塩気に、フレッシュ感のあるトマトの酸味を重ねて、さっぱり食べさせる。

材料[1皿分]
バゲット（スライス）……1枚
トマト（スライス）……1枚
生ハム（スライス）……1枚
ニンニク……適量

1　バゲットは軽く焼き、片面にニンニクをこすりつける。トマトと生ハムを順にのせる。

カナッペ オリーブとアンチョビ
`マル2階`

オリーブやアンチョビ、ビネガーなどでつくるタプナードソースをのせた、白ワインによく合うカナッペ。

材料[1皿分]
バゲット（スライス）……1枚
タプナード……でき上がりより適量
　黒オリーブ……300g
　フィレアンチョビ……6枚
　エシャロット（ざく切り）……中3個
　白ワインヴィネガー……適量
　EVオリーブ油、塩、コショウ
トマト（スライス）……1枚
ニンニク……適量

1　タプナードをつくる。材料をすべてミキサーに入れ、細かくなるまで撹拌する。
2　バゲットは軽く焼き、片面にニンニクをこすりつける。トマトをのせ、1をかける。

パンコントマテ
バル デ エスパーニャ ペロ

自家製ソーセージ
富士屋本店ワインバー

日本一のパンコントマテ
キッチン セロ

おつまみピッツァ　カレー風味
おつまみピッツァ　グァンチャーレ
イル ランポ

ゴルゴンゾーラとハチミツのピッツァ
オリーブとアンチョビのピッツァ
バール タッチョモ

パンコントマテ
バル デ エスパーニャ ペロ

皮も種も一緒にすりおろし、塩とオイルを加えただけの素材感全開のトマトソース。チョリソーや生ハムをのせてもよし。

材料 [1皿分]
バゲット*1（スライス、直径15cm）…… 1枚
トマト…… 適量
EVオリーブ油、フロール・デ・サル*2、塩
*1 やわらかいタイプのもの。
*2 スペイン製の塩。

1 バゲットはパニーニグリラーで両面をこんがりと焼く。
2 トマトは横半分に切り、チーズ用おろし金の目の粗い面ですりおろす。これに塩、EVオリーブ油を加え混ぜる。
3 **1**の片面に**2**をぬり、フロール・デ・サルをふる。半分に切り、皿に盛り付ける。

日本一のパンコントマテ
キッチン セロ

スペインバルの定番をトマトたっぷりにアレンジ。香ばしく焼けた表面と、ジューシーなクラムのコントラストが魅力。

材料 [1皿分]
チャバタ（直径約15cm）…… 1個
ニンニクオイル（P.216）…… 50㎖
トマト（湯むきして種を取ったもの）…… 1/4個
EVオリーブ油、塩（精製度の低いもの）

1 チャバタは横半分に切る。
2 バットにニンニクオイルを流し、**1**を断面を下にして並べる。200℃のオーブンで4分を目安に加熱し、パンの表面に焼き色をつける。
3 トマトの果肉を包丁で叩き、ジャムのようなペースト状にする。
4 **2**のチャバタの断面に、**3**をまんべんなくぬる。塩をふり、EVオリーブ油をかけて皿に盛る。

自家製ソーセージ
富士屋本店ワインバー

ソーセージにはオレガノの香りがきりり。ピンチョス風の小さなバゲットサンドは、いわば"大人のホットドッグ"。

材料 [1皿分]
プチバゲット（長さ16cm）…… 1本
ソーセージ…… でき上がりより1本
　豚バラ肉（スライス）…… 1kg
　鶏のブイヨン（P.220）…… 70㎖
　卵…… 2個
　炒め玉ネギ*…… 大さじ1
　バター…… 50g
　ニンニクオイル（P.221）…… 大さじ1
　パプリカパウダー…… 適量
　オレガノ…… 適量
　EVオリーブ油…… 50㎖
　塩…… 11g
　白コショウ
マヨネーズ…… 大さじ1
パプリカパウダー…… 適量
葉野菜…… 適量
*玉ネギ（みじん切り）をオリーブ油とともに弱火で茶色く色づくまで炒めたもの。

1 ソーセージをつくる。
①豚バラ肉は細かく叩き、その他の材料をすべて混ぜ合わせて1晩おく。
②50gずつに分割し、手のひらでソーセージ型に細長く成形する。ラップフィルムで巻いて保存する。
2 プチバゲットは縦半分に切ってオーブンで焼き、切り口にマヨネーズをぬってパプリカパウダーをふる。
3 **1**をフライパンで焼き、**2**にはさんで楊枝でとめる。皿に葉野菜を敷き、バゲットを盛り付ける。

おつまみピッツァ カレー風味
イル ランボ

生地のポーションを抑え、小さくカットしたスナック感覚のピッツァ。スパイシーなカレーフレーバーで後引く味に。

材料［1皿分］
ピッツァ生地（P.214）……80g
カレー粉……適量
グラーナパダーノチーズ（すりおろす）……適量
オリーブ油、塩、黒コショウ

1 ピッツァ生地は丸く、薄く平らにのばす。オリーブ油をふる。
2 カレー粉、グラーナパダーノチーズ、塩、黒コショウをふり、400℃前後の窯で約4分焼く。
3 2を食べやすい大きさに切り、器に盛り付ける。

おつまみピッツァ グァンチャーレ
イル ランボ

オリーブ油は使わず、グァンチャーレからしみ出るうまみたっぷりの油を生かす。ぴりっと赤唐辛子がアクセント。

材料［1皿分］
ピッツァ生地（P.214）……80g
グァンチャーレ＊（マッチ棒状に切る）……適量
赤唐辛子（みじん切り）……適量
＊豚ホホ肉や首肉の塩漬け。

1 ピッツァ生地を丸く、薄く平らにのばし、赤唐辛子をふり、グァンチャーレを散らす。400℃前後の窯で約4分焼く。
2 1を食べやすい大きさに切り、器に盛り付ける。

ゴルゴンゾーラと ハチミツのピッツァ
バール タッチョモ

甘いおつまみピッツァ。ゴルゴンゾーラとハチミツの濃厚な味に、トルティーヤを使った軽い生地でバランスをとる。

材料［1皿分］
トルティーヤ（冷凍、直径約20cm）……1枚
ゴルゴンゾーラチーズ（手でちぎる）……20g
パルミジャーノ・レッジャーノ（すりおろす）……20g
クルミ（粗くきざむ）……少量
ハチミツ……20g
EVオリーブ油、塩

1 トルティーヤに、ゴルゴンゾーラチーズ、パルミジャーノ・レッジャーノ、クルミを散らし、塩をふり、EVオリーブ油をまわしかける。
2 230℃のオーブンで5分焼き、皿に盛り付ける。ハチミツをまわしかける。

オリーブとアンチョビのピッツァ
バール タッチョモ

つまみだからトッピングは少量で十分。オーソドックスなピッツァだが、火を吹く辛さの自家製タバスコで大化けする。

材料［1皿分］
トルティーヤ（冷凍、直径約20cm）……1枚
ホールトマト（つぶす）……100mℓ
玉ネギ（スライス）……1/8個
黒オリーブ（スライス）……2個
フィレアンチョビ（粗みじん切り）……1枚
ミックスチーズ（シュレッド）……50g
自家製タバスコ……でき上がりより適量
　青唐辛子……100g
　白ワインヴィネガー……20mℓ
　EVオリーブ油……100mℓ
イタリアンパセリ（みじん切り）……適量
EVオリーブ油、塩

1 自家製タバスコをつくる。すべての材料をミキサーに入れ、なめらかになるまで撹拌する。塩で味を調え、器に盛り付ける。
2 トルティーヤにホールトマトをぬり、玉ネギ、黒オリーブ、フィレアンチョビ、ミックスチーズを散らす。塩をふり、EVオリーブ油をまわしかける。
3 230℃のオーブンで5分焼き、皿に盛り付け、イタリアンパセリを散らし、**1**を添える。

ピッツァ シチリアーナ
イル ランポ

ミックスコカ
エル ポニエンテ ゴソ

ズッキーニとベーコンのパニーノ
イタリアン バール ラ ヴィオラ

ピッツァ シチリアーナ
`イル ランポ`

生地はふっくらしたナポリスタイルだが、酒のあてを意識した軽い仕立て。主役はイワシだがケイパーの主張もなかなか。

材料［1皿分］
ピッツァ生地（P.214）……135g
自家製オイルサーディン（P.214）……3尾分
モッツァレラチーズ（ちぎる）……55g
グラーナパダーノチーズ（すりおろす）……35g
ケイパー……20g
イタリアンパセリ（みじん切り）……適量
EVオリーブ油、塩

1 ピッツァ生地は手のひらでつぶし、中心から外に押し広げるようにして、縁に少し厚みが出るようにのばす。
2 1に自家製オイルサーディンとモッツァレラチーズを並べ、グラーナパダーノチーズとケイパーを散らし、塩をふる。
3 500℃の窯で3〜4分焼き、皿に盛り付ける。イタリアンパセリを散らし、EVオリーブ油をふる。

ズッキーニとベーコンのパニーノ
`イタリアン バール ラ ヴィオラ`

それだけでつまみになる具をはさめば、パニーニでも酒が欲しくなる。ズッキーニとベーコンのソテーなら白ワイン向き。

材料［1皿分］
フォカッチャ（直径15cm）……1個
ズッキーニ……60g
ベーコン……20g
トマト（スライス）……20g
モッツァレラチーズ（シュレッド）……20g
レタス……1枚
シーザーソース……20㎖
ピクルス（ヤングコーン、コルニッション、赤パプリカ）
　……各適量
オリーブ油

1 ズッキーニは横半分に切り、縦4等分にスライスする。塩をふってアク抜きをし、水洗いして水気を切る。
2 1とベーコンをオリーブ油で炒める。
3 フォカッチャは、横から半分に切る。下にくるパンに、トマト、ベーコン、ズッキーニ、モッツァレラチーズの順にのせ、250℃のオーブンでチーズに軽く焦げ目がつく程度に焼く。
4 レタスをのせ、シーザーソースをかける。残りのパンをのせる。半分に切り、バーガー袋に入れ、皿に盛り付ける。ピクルスを器に入れて添える。

ミックスコカ

エル ポニエンテ ゴソ

発酵生地に具材をのせて焼くスペイン風ピッツァ。野菜、チョリソー、生ハム、アンチョビなどを賑やかにトッピング。

材料[1皿分]

コカの生地……でき上がりより60g
  薄力粉……400g
  強力粉……400g
  ドライイースト……19g
  塩……16g
  砂糖……30g
  ぬるま湯(40℃前後)……340ml
  EVオリーブ油……60ml
  牛乳……100ml
A
  赤・黄パプリカ……各1/6個
  ピーマン……1/6個
  玉ネギ……1/6個
  ナス……1/6本
  ズッキーニ……1/6本
トマト(薄くスライス)……4枚
チョリソー(スライス)……4〜5枚
ニンニクオイル*……適量
フィレアンチョビ(ちぎる)……1枚
生ハム(スライス)……4〜5枚
EVオリーブ油、塩、黒コショウ
  *ニンニク(みじん切り)をオリーブ油に漬けたもの。

1 コカの生地をつくる。
①薄力粉と強力粉を混ぜ、ふるいにかけてボウルに入れる。
②ぬるま湯にドライイースト、塩、砂糖を溶かし、温かい場所で10〜15分発酵させる。
③①に②を注ぎ入れ、EVオリーブ油、牛乳を加え混ぜ、ひとまとまりになるまでこねる。
④③を作業台に移し、表面がなめらかになるまでよくこねる。
⑤生地の表面が乾燥しないようラップフィルムで包み、1.5〜2倍に膨らむまで40℃前後の温かい場所で発酵させる。
⑥⑤を作業台に移し、上から軽く押さえるようにしてガス抜きし、軽くこねてから約60gずつに分割する。バットに並べ、乾燥しないようにラップフィルムで覆い、15分ほどおく。

2 **1**の生地を麺棒で楕円形にのばし、200℃のオーブンで5〜8分下焼きする。

3 **A**の野菜はすべて太めのせん切りにし、バットに並べ、軽く塩をふって4〜5分おく。水気を絞る。

4 **2**にEVオリーブ油をまわしかけ、トマト、**3**の野菜、チョリソーをのせ、250℃のオーブンで8分焼く。

5 ニンニクオイルをたらし、フィレアンチョビ、生ハムを順にのせる。黒コショウを挽き、皿に盛り付ける。

5

卵、ジャガイモ、チーズのつまみ

エビとアスパラの平たいオムレツ
バル デ エスパーニャ ペロ

こだわり卵のスパニッシュオムレツ
エル ブエイ

イワシ入りオムレツ
エル ポニエンテ ゴソ

とん平焼き
カレーとワイン ポール

ハーブのプリン ゴルゴンゾーラソース
バール タッチョモ

オリエンタルポテフリ
カレーとワイン ポール

エビとアスパラの平たいオムレツ
バル デ エスパーニャ ペロ

スペインには薄いタイプのオムレツもある。薄焼きだから焼き方は簡単。くるくる巻いて串に刺せばピンチョスになる。

材料［1皿分］
むきエビ……20g
グリーンアスパラガス……1本
卵……2個
オリーブ油、塩、コショウ

1 むきエビとグリーンアスパラガスは、食べやすい大きさに切る。
2 ボウルに卵を割り入れ、**1**、塩、コショウを加えて混ぜ合わせる。
3 オリーブ油をひいたフライパンに**2**を流し入れ、ヘラで均一の厚さに薄く広げる。両面をキツネ色に焼き、皿に盛り付ける。

イワシ入りオムレツ
エル ポニエンテ ゴソ

スペインではイワシもオムレツの具に使う。フレッシュなイワシを使い、ニンニクの香りをきかせるのがポイント。

材料［1皿分］
イワシ……2尾
ジャガイモ（メークイン、厚さ5㎜のいちょう切り）……1/2個
玉ネギ（スライス）……1/6個
卵……2個
ニンニク（みじん切り）……小さじ1/2
オリーブ油、塩

1 イワシは頭と内臓を取り除き、腹開きにして中骨を取り、両面に軽く塩をする。
2 フライパンに多めのオリーブ油をひき、ジャガイモと玉ネギを入れ、115℃で10～15分煮る。油を切り、軽く塩をふって、冷ます。
3 ボウルに卵を割り入れ、塩を加えて溶きほぐす。**2**を加え、ジャガイモを粗くつぶす。
4 オリーブ油をひいたフライパンで**1**を身の方から焼く。途中でひっくり返し、両面に焼き色をつける。ニンニクを加え、さっと炒めて香りを出す。
5 イワシを皮目を下にして並べ、**3**を流し入れて弱火にし、片面を焼きかためる。ひっくり返し、もう一方の面を焼く（焼きたてを提供する場合は卵を半熟に、冷ましてタパスとして提供する場合は卵に完全に火を通す）。イワシが上になるように皿に盛り付ける。

こだわり卵のスパニッシュオムレツ
エル ブエイ

黄身の濃厚な味わいと、炒め煮したジャガイモと半熟卵が織り成すとろりとした食感が売り。熱々を提供する。

材料［1皿分］
ジャガイモと玉ネギの炒め煮……でき上がりより130g
　ジャガイモ（男爵）……3個
　玉ネギ……1個
卵*1（溶きほぐす）……2個
生ハム*2……1つかみ
生クリーム……少量
アイオリソース（P.215）……適量
オリーブ油、塩、コショウ
*1 兵庫・加古川の養鶏所のもの。
*2 イベリコ・ベジョータの切り落とし肉を、細かくきざんだもの。

1 ジャガイモと玉ネギの炒め煮をつくる。ジャガイモと玉ネギは、それぞれ皮をむいて適当な大きさに切る。オリーブ油をひいたフライパンに入れ、ヘラでつぶすようにしながら炒め、ペースト状になる手前の状態に仕上げる。塩、コショウで味を調える。
2 ボウルに**1**、卵、生ハム、生クリームを入れ、しっかりと混ぜ合わせる。
3 直径15㎝ほどのフライパンにオリーブ油をひき、強火にして**2**を一気に流し入れる。ヘラですばやくかき混ぜ、フライパンをあおる。これを2～3回繰り返し、半熟の状態になったら1分程度おく。底の面が焼きかたまったらすぐに裏返し、もう一方の面も焼きかためる。
4 皿に盛り付け、アイオリソースを添える。

ハーブのプリン ゴルゴンゾーラソース
バール タッチョモ

清々しいディルの香りのプリン。クリーミーかつ穏やかな味で、酸味のトマトソースにもコクのチーズソースにもなじむ。

材料［12皿分］
ハーブのプリン
  ディル……10g
  生クリーム……250㎖
  牛乳……250㎖
  卵……4個
  パルミジャーノ・レッジャーノ（すりおろす）……100g
  薄力粉……大さじ1/2
ゴルゴンゾーラソース
  ゴルゴンゾーラチーズ……50g
  生クリーム……100㎖
  レモン汁……15㎖
トマトソース
  ホールトマト（つぶす）……100g
  レモン汁……15㎖
EVオリーブ油……100㎖＋適量
ディル……適量
バゲット（スライス）……12枚
塩

1 ハーブのプリンをつくる。
①ボウルにすべての材料を入れ、塩で味を調え、ハンドミキサーでなめらかになるまで撹拌する。
②①を直径4㎝のカップに分け入れ、湯煎にし、160℃のオーブンで20分加熱する。
2 ゴルゴンゾーラソースをつくる。
①ゴルゴンゾーラチーズはビニール袋に入れて湯煎にし、やわらかくする。
②ボウルに、生クリーム、レモン汁、塩を入れて混ぜ、①を加え、しっかりと混ぜ合わせる。
3 トマトソースをつくる。ホールトマトにEVオリーブ油（100㎖）を少しずつ加え混ぜ、レモン汁と塩を加えて味を調える。
4 器に**3**を流し、**1**をカップから出して盛り付け、EVオリーブ油（適量）をまわしかける。プリンの上に**2**をのせ、ディルとバゲットを飾る。

とん平焼き
カレーとワイン ポール

ベースはとろとろの和風オムレツ。ソースとマヨネーズでジャンクな味に寄せるほど、不思議と赤ワインが合う。

材料［1皿分］
豚バラ肉（スライス）……40g
卵……3個
ミックスチーズ（シュレッド）……30g
天かす……1つかみ
小ネギ……20g
お好み焼きソース……70g
ガーリックマヨネーズ（P.216）……70g
イタリアンパセリ（みじん切り）……適量
オリーブ油、塩、黒コショウ

1 豚バラ肉は食べやすい大きさに切り、片面に塩、黒コショウをふる。直径18㎝のフライパンにオリーブ油をひき、豚肉を並べ、両面をこんがりと焼く。
2 卵を割り入れ、ヘラで黄身をつぶし、全体に広げる。
3 ミックスチーズ、天かす、小ネギを散らす。底がかたまったら半分に折り、チーズが溶けたら皿に盛り付ける。
4 お好み焼きソースを全面にぬり、ガーリックマヨネーズを線状にかけ、イタリアンパセリを散らす。

オリエンタルポテフリ
カレーとワイン ポール

軽いおつまみ……ではない。ラードで揚げて香りとコクをプラス。スイートチリソースとサワークリームでより濃厚に。

材料［1皿分］
フライドポテト（冷凍）……250g
サワークリーム……30g
スイートチリソース……50g
イタリアンパセリ（みじん切り）……適量
ラード、塩

1 フライドポテトは180℃のラードで5分揚げ、油を切る。塩をふり、皿に盛り付ける。
2 サワークリームをのせ、スイートチリソースをまわしかけ、イタリアンパセリを散らす。

ジャガイモ・生ハム・卵の
エストレジャードス No.4
リンコン カタルーニャ

じゃがいもとポルチーニのコロッケ
トラットリア・バール イル ギオットーネ

小いものフリット ブラバスソース添え
スペインバル&レストラン バニュルス

カラブリア風山羊のチーズとトマトの温製
イル ランポ

生ハムコロッケ
三鷹バル

じゃがいもとブルーチーズの
ドフィノワ風グラタン
世田谷バル

ジャガイモ・生ハム・卵の エストレジャードス No.4
リンコン カタルーニャ

半熟の目玉焼き、ポテト、生ハムのトリオ。黄身を崩し、からめて食べる。酒肴にはもちろん、食事にも向くボリューム。

材料 [1皿分]
ジャガイモ（メークイン）……150g
卵……2個
生ハム（ハモン・セラーノ、スライス）……8～9枚
パプリカパウダー……適量
イタリアンパセリ（みじん切り）……適量
サラダ油、岩塩、塩

1　ジャガイモは皮をむき、食べやすい大きさに切る。150℃のサラダ油で2～3分下揚げする。
2　フライパンに多めのサラダ油をひいて火にかけ、卵を割り入れ、目玉焼きをつくる。白身の表面が白濁するくらいで火をとめ、半熟の状態に仕上げる。
3　1を180℃のサラダ油でキツネ色になるまで揚げ、塩をふる。
4　皿に3と生ハムを盛り、中央にくぼみをつくり、そこに目玉焼きをのせる。目玉焼きに岩塩とパプリカパウダーをふり、イタリアンパセリを散らす。

小いものフリット ブラバスソース添え
スペインバル＆レストラン バニュルス

ジャガイモのころころとしたフォルムが愛らしい。香りのアイオリソースと、辛みのトマトソースで味に変化を。

材料 [1皿分]
ジャガイモ（小）……200g
ブラバスソース（P.217）……適量
アイオリソース（P.217）……適量
イタリアンパセリ（みじん切り）……適量
サラダ油、塩

1　ジャガイモは皮付きのまま塩を加えた湯で茹で、大きいものは半分、または1/4の大きさに切る。
2　1を180～200℃のサラダ油でこんがりと揚げる。油を切り、軽く塩をふる。
3　器に盛り付け、ブラバスソースを添えて、アイオリソースを線状にかける。イタリアンパセリを散らす。

じゃがいもとポルチーニのコロッケ
トラットリア・パール イル ギオットーネ

香り高いポルチーニ。食べるとぬるっと食感でも主張。肉のうまみを感じるのはタネをグアンチャーレで巻いているから。

材料 [6皿分]
ジャガイモ（男爵）……800g
玉ネギ（みじん切り）……1個
ポルチーニ（冷凍、粗みじん切り）……100g
卵黄……3個分
パルミジャーノ・レッジャーノ……30g
グアンチャーレ＊（厚さ2㎜のスライス）……12枚
薄力粉……適量
溶き卵……適量
生パン粉……適量
シブレットの茎……12本
うまみブロード（P.217）……適量
EVオリーブ油……30～45㎖
オリーブ油、サラダ油、塩、コショウ
＊ 豚ホホ肉や首肉の塩漬け。

1　ジャガイモは軽く塩を加えたうまみブロードで茹でる。やわらかくなったら茹で汁を捨て、粉ふきにし、つぶす。粗熱をとる。
2　玉ネギとポルチーニは、それぞれオリーブ油をひいたフライパンでしんなりするまで炒める。
3　ボウルに1と2を入れ、卵黄、パルミジャーノ・レッジャーノ、EVオリーブ油、少量のうまみブロードを加え混ぜる。塩、コショウで味を調え、直径5㎝程度のボール状に成形する。
4　グアンチャーレは細長く2枚に切り分け、3に十字に巻きつける。
5　4に薄力粉、溶き卵、生パン粉の順につけ、180℃のサラダ油で3～4分揚げる。シブレットの茎を刺し、器に盛り付ける（1皿2個）。

生ハムコロッケ
三鷹バル

かりかりの衣の中に熱々のクリーミーなホワイトソース。口にすると生ハムの熟成した香りとうまみが立ち上がってくる。

材料 [5皿分]
生ハム（5mm角に切る）……20g
無塩バター……50g
小麦粉……75g
牛乳……350g
小麦粉……適量
溶き卵……適量
ドライパン粉……適量
サラダ油、塩

1 無塩バターと小麦粉を片手鍋に入れ、弱火にかけて木ベラで混ぜながら焦がさないように熱する。小麦粉のこしがぬけてやわらかくなったら、生ハムを加え混ぜる。さらに牛乳を3回に分けて加え、その都度ダマができないようにムラなく混ぜながらよく火を通す。塩で味を調える。
2 バットにあけ、膜ができないようにラップフィルムを密着させて冷ます。
3 1個40gのたわら型に成形する。小麦粉をまぶし、溶き卵にくぐらせ、ドライパン粉をつける。
4 180℃のサラダ油で揚げ、皿に盛り付ける（1皿2個）。

カラブリア風山羊のチーズとトマトの温製
イル ランポ

山羊の乳でつくるフェタチーズ。クリーミーで濃厚な味の後にくる塩辛い刺激が酒を誘う。オレガノの香りを漂わせて。

材料 [1皿分]
フェタチーズ……70g
フルーツトマト（スライス）……2個
赤玉ネギ（スライス）……15g
赤唐辛子（みじん切り）……適量
オレガノ……適量
イタリアンパセリ（みじん切り）……適量
塩、黒コショウ

1 フェタチーズは適当な大きさに切り、耐熱容器に並べる。赤唐辛子をふり、フルーツトマト、赤玉ネギの順にのせ、オレガノと塩をふる。
2 電子レンジで1分30秒加熱する。
3 イタリアンパセリをふり、黒コショウを挽く。

じゃがいもとブルーチーズのドフィノワ風グラタン
世田谷バル

個性の強いブルーチーズに同量のミックスチーズを合わせ、どんなワインにも合わせやすい味に仕上げる。

材料 [1皿分]
ジャガイモのクリーム煮……でき上がりより1/8量
　ジャガイモ（メークイン）……8個
　牛乳……1ℓ
　生クリーム……200mℓ
　塩……1つまみ
ブルーチーズ（ちぎる）……15g
ミックスチーズ（スライス）……15g
パセリ（みじん切り）……適量

1 ジャガイモのクリーム煮をつくる。
①ジャガイモは皮をむいて厚さ2〜3mmにスライスする。
②鍋に①、牛乳、生クリーム、塩を入れて火にかける。ジャガイモがやわらかくなったら火をとめ、しばらくおいて味をなじませる。耐熱皿に移し、保存する。
2 1を電子レンジで軽く温め、ブルーチーズとミックスチーズをのせ、オーブントースターで焼き色をつける。パセリを散らす。

マッシュポテトと挽肉のグラタン

日仏食堂 トロワ

マッシュポテトと挽肉のグラタン

日仏食堂 トロワ

豊かな肉のうまみにトマトの酸味をきかせたボロネーゼ。その下に隠れたまろやかなマッシュポテト。コントラストが見事。

材料 [10皿分]

マッシュポテト……でき上がりより2kg
- ジャガイモ……2kg
- ニンニクのコンフィ(P.218)……1片
- 生クリーム……150㎖
- バター……40g
- ナツメグ……適量
- 塩、黒コショウ

ボロネーゼ
- 合挽き肉……400g
- 赤ワイン……50㎖
- セロリ(みじん切り)……2本
- 玉ネギ(みじん切り)……1.5個
- ニンジン(みじん切り)……1本
- エシャロット(みじん切り)……1個
- ニンニク(みじん切り)……1片
- ホールトマト(つぶす)……500g
- タイム……1枝
- ローリエ……1/2枚
- 水……適量

ホウレン草のソテー*……10把分
グリュイエールチーズ(シュレッド)……適量
パルミジャーノ・レッジャーノ……適量
ドライパン粉(粗挽き)……適量
EVオリーブ油、オリーブ油、塩

*ホウレン草を塩を加えた湯で茹で、バターで炒めたもの。

1 マッシュポテトをつくる
①ジャガイモは適当な大きさに切り、皮をむく。鍋に入れ、かぶるくらいに水をはって火にかける。やわらかくなったら鍋の湯を捨て、再び火にかけ、粉ふきにする。ニンニクのコンフィとともに裏漉しし、鍋に戻す。
②別の鍋に生クリーム、バターを入れ、沸かす。これを①の鍋に3回に分けて加え混ぜ、ナツメグをふり、塩、黒コショウで味を調える。

2 ボロネーゼをつくる。
①合挽き肉はオリーブ油をひいたフライパンで炒め、塩をふる。赤ワインを加えてアルコール分を飛ばす。
②鍋にオリーブ油を浅くひき、セロリ、玉ネギ、ニンジン、エシャロット、ニンニクを入れ、1/3量になるまで弱火で炒める。
③②に、①、ホールトマト、タイム、ローリエを加え、沸騰したら火からおろし、蓋をして180℃のオーブンで1時間加熱する。
④③に水と塩を加えて火にかけ、好みの濃度になるまで30分ほど煮る。冷ます。

3 耐熱容器に**1**を敷き詰め、ホウレン草のソテーをのせ、**2**をかける。グリュイエールチーズを散らし、ラップフィルムをかけ、電子レンジで3分加熱する。

4 パルミジャーノ・レッジャーノとドライパン粉をふり、EVオリーブ油をまわしかけ、210℃のオーブンで10分焼く。

シーフード＆がぶ飲みワイン。
築地の真横で醸す地中海の空気

魚河岸バル 築地タマトミ
TSUKIJI TAMATOMI

東京都中央区築地4-10-12
☎ 03-6278-7765
http://tamatomi.com

　日本最大の規模を誇る築地市場。その場外に店を構える「魚河岸バル 築地タマトミ」は、4代目の望月貴正さんが営む欧風魚介バル。店舗は、複数の物販店が入居する長屋「センタービル」の1階。「丼とすし一辺倒で観光地化している築地に一石を投じたい」という思いから、3代目の父が同地で経営していたサンドイッチとタバコの店をリニューアル。地元の人が通える地域密着の店をめざし、2010年10月にオープンした。

　業態コンセプトや店舗設計は、望月さんの友人で飲食店プロデューサーの安藤暢英さんに依頼。発想の原点は、安藤さんが海外のバルを巡る中で出会った、「市場の近くに必ずあって、ワイン片手に市場の新鮮な食材をラフに食べられる店」。メニューは、生ハムやレバーパテなどバルの定番料理をおかず、地中海料理をテーマにシーフード一本で勝負する。毎朝、目の前の築地市場で仕入れを行い、それに合わせて日替わりで約25品を用意。塩とオリーブ油、レモンで食べさせるカルパッチョをはじめ、調理がシンプルで素材本来の味を楽しませるメニューが中心だ。

　さらに、石垣ダイ、星ガレイなど何でも集まる築地市場ならではのユニークな素材をできるだけ取り入れて個性を打ち出しつつ、白身魚は活締めのものを熟成させてうまみを引き出したりと、専門店らしい味づくりで魚介の新しい魅力を伝えている。

　ワインは、イタリアの微発泡性赤ワイン「ランブルスコ」をキーアイテムに、約30銘柄をラインアップ。ランブルスコは一般的に魚介と合わないといわれるが、「キレがあるので実はどんな料理にも合わせやすい」と安藤さんは話す。他のワインも、「ボトルで頼んで水のようにがぶがぶ飲んでほしい」と、"気が付いたら1本空いている"、そんな飲み口のよいものを中心に揃えている。

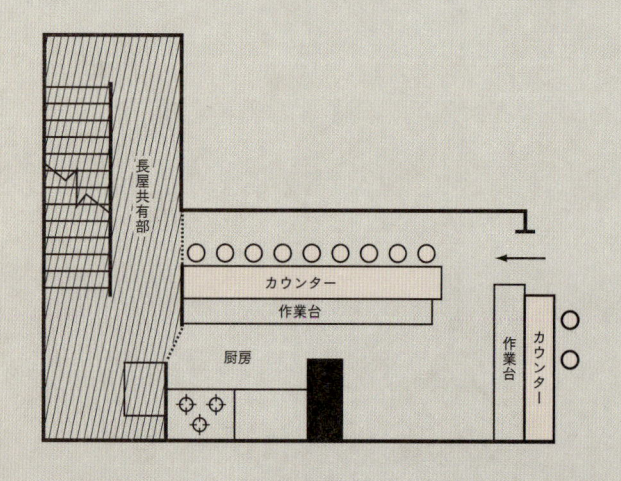

○営業時間：11時30分～14時
　　　　　18時～翌0時
　　（金曜・土曜の夜は～翌2時）
○定休日：日曜・祝日・築地市場の休市日
○店舗規模：4坪11席（うち屋外2席）
○客単価：4300円
○フード中心価格帯：800円
○ワイン中心価格帯：グラス500円
　　　　　　　　　　ボトル3500円
○アルコール売上げ比率：40％
○開業年月：2010年10月

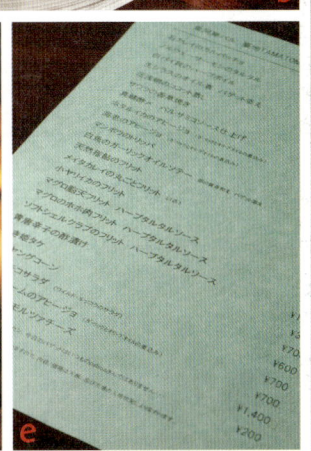

a 鰻の寝床のように細長い店内。客席はカウンター席のみ。会話の弾むほどよい距離感で、女性客が7割を占める。b 料理のコンセプトは"地中海料理"。「地中海は新鮮な魚介類を生で食べたり、シンプルに調理することが多い地域なので、日本人にも親しみやすい味」(安藤さん)。c キーアイテムのランブルスコは、12銘柄を用意。d 調理には、おもにサルデーニャ島の海塩を使用。オリーブ油はイタリア産6〜7銘柄を素材に応じて使い分ける。e 料理は日替わりで約25品。魚介料理に加え、季節の野菜料理が3〜4品入る。f 入口の扉は、古物商で購入したものをリメイク。ノスタルジックな趣だ。g 壁面は地中海をイメージしたラメ入りのブルーのタイルで装飾。

がつんと豪快に飲み、食らう、
ジャンルを超えたワインと料理

カレーとワイン ポール
Curry et les Vins PAUL

東京都中央区銀座2-14-7 銀座OMビル1F
☎ 03-6228-4449
http://www.paul.co.jp

　東京・銀座にほど近い新富町にビストロの超繁盛店「ポンデュガール」がある。そこから徒歩3分の場所にある「カレーとワイン ポール」（2011年8月に「ポンデュガール・エクスプレス」より改名）は、ポンデュガールをよりカジュアルにダウンサイジングしたコンセプト。しかし、そう聞いて"フレンチテイストのバル"と考えるのは早計だ。

　メニューを開けば、シャルキュトリー（肉加工品）やパテなどビストロを代表する料理がある一方で、モツ煮込み、ラタトゥイユ、カルパッチョ、魚介のオイル煮など、フランス、イタリア、スペインをはじめ、国境を越えた多彩な料理が目に飛び込んでくる。「ジャンルにはこだわらない。ワインのあてになればOK」というのが店の方針だ。

　メニュー数は乾き物やチーズなどを含めて約30品に絞り込み、ぱぱっと用意できる料理が中心。そうした工夫が、滞席時間の短い、いわゆる"ちょい飲み"利用を喚起している。

　ジャンルレスなフードと同様、ワインのラインアップにも縛りはなく、フランス、スペイン、イタリア、ニューワールド系とさまざま。ボトルは泡と赤・白合わせて約100銘柄、グラスは泡1銘柄、赤・白各6銘柄を用意。棚に並んだボトルがリスト代わりで、ボトルには直接価格が記されている。常連客が多く、飽きのこない品揃えにするために、ボトルは2～3日に1回、グラスは週に2～3回と高い頻度で一部の銘柄を入れ替えるから、リストは用意しないのだという。

　驚くのは、"盛り"の豪快さだ。サラダやフライドポテトは見事な山盛り。たとえば、ステーキは250gのフライドポテトの山に、同量の牛肉がどすんとのる。グラスワインも同様。表面張力で何とかこぼれない、そのくらいになみなみと注ぐ。ここではワインのうんちくや作法は関係なし。がぶ飲みが流儀だ。

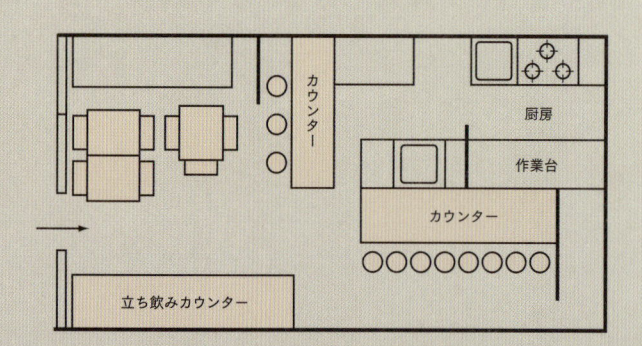

◎営業時間：月曜～金曜11時30分～15時
　　　　　　　　　　　　　17時30分～23時30分
　　　　　　　　　　　　　　　　（22時30分 L.O.）
　　　　　　　土曜・祝日16時～23時（22時 L.O.）
◎定休日：日曜（土曜・祝日不定休あり）
◎店舗規模：10.5坪18席（立ち飲みを除く）
◎客単価：3000円
◎フード中心価格帯：400円～700円
◎ワイン中心価格帯：グラス500円～950円
　　　　　　　　　　　ボトル2500円～3500円
◎アルコール売上げ比率：60％
◎開業年月：2010年2月

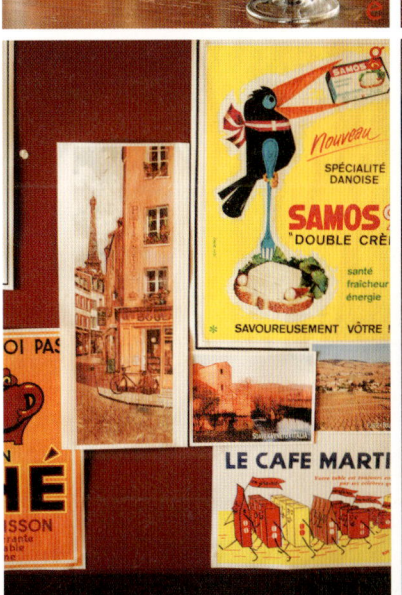

a 10.5坪の小体なつくり。手前左はテーブル席、右は立ち飲みスペース、奥はカウンター席で、営業中はすし詰め状態になる。なお、昼はカレーを主力商品として営業している。b・f 長さ15cmほどの「自家製ソーセージ」、山盛りポテトに250gの牛カイノミ肉をのせた「ステーキフリット」など料理はボリューム満点。c・d 店内のいたるところにワインを陳列。e ワインは産地にこだわらず、コストパフォーマンス重視の品揃え。ボトル販売しているワインには、ボトルに直に価格を記載。グラスワインは溢れんばかりに注ぐのが基本。g・h 壁面は海外のポスターやハガキで、エントランスの扉はペンキでデコレーション。

豊富なワインと小皿フレンチを
ワンコインで気軽に楽しむ

富士屋本店ワインバー
Fujiya Honten Wine Bar

東京都渋谷区桜丘町2-3 富士商事ビル1F
☎ 03-3461-2128

　120年続くという老舗酒店を営む㈱富士屋本店が、渋谷駅そばに建つ自社ビル1階の酒売り場を改装してオープンしたのが、「富士屋本店ワインバー」だ。界隈には和風の立ち飲み店、ピッツァ店など系列店が7店あるが、どの店でも酒店直営の利点を生かしてリーズナブルにアルコールを提供し、幅広い年齢層から愛されている。

　ワインバーではワイン120銘柄以上を揃え、グラスワインも常時15銘柄以上をラインアップ。ふらりと立ち寄る1人客から2次会利用のグループ客まで客層は幅広く、1日100人以上が訪れる。

　ワインの品揃えの豊富さに加え、おもしろいのはそれぞれのワインのPOPをラミネート加工して国別に束にした分厚いワインリストだ。これは新しいワインを仕入れるたびに業者に制作を依頼しているもので、ブドウや生産者、ボトルの写真の脇に添えられた熱のこもった説明を読むだけでも楽しい。スタッフがつきっきりでなくとも、ゆっくりワイン選びができるとお客にも好評だ。

　また、フランス料理がベースの手をかけた料理を、500円前後の気軽な小皿で味わえるのも魅力だ。とくに人気が高いのは、「牛バラ肉の赤ワイン煮込み」やニンニクをきかせた「ツブ貝とタケノコのソテー」など、ソースも楽しめるメニュー。近年シャルキュトリー（肉加工品）に注目が集まっているためか、自家製ソーセージ類も注文が多いという。それぞれ長時間煮込んだり、燻製にしたりと手間のかかるジャンルだが、あくまで立ち飲みゆえ、提供はスピーディに。同店では調理スタッフは2人だが、ほとんどのメニューを完成直前の状態まで仕込む。そして、オーダー後の調理は炒める、あぶるなどの短時間の作業にとどめて、混雑時でもスピード感のあるサービスを実現している。

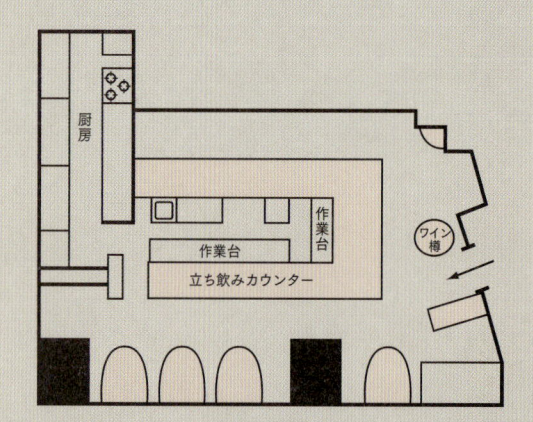

○営業時間：月曜〜金曜17時〜23時（22時30分 L.O.）
　　　　　　土曜17時〜22時（21時30分 L.O.）
○定休日：日曜・祝日・第4土曜
○店舗規模：12坪
○客単価：2500円
○フード中心価格帯：400円〜600円
○ワイン中心価格帯：グラス400円〜600円
　　　　　　　　　　ボトル2000円〜3500円
○アルコール売上げ比率：65%
○開業年月：2005年9月

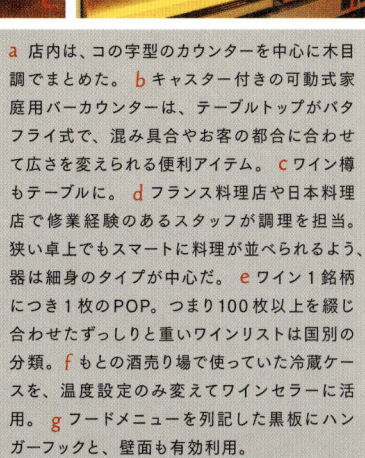

a 店内は、コの字型のカウンターを中心に木目調でまとめた。b キャスター付きの可動式家庭用バーカウンターは、テーブルトップがバタフライ式で、混み具合やお客の都合に合わせて広さを変えられる便利アイテム。c ワイン樽もテーブルに。d フランス料理店や日本料理店で修業経験のあるスタッフが調理を担当。狭い卓上でもスマートに料理が並べられるよう、器は細身のタイプが中心だ。e ワイン1銘柄につき1枚のPOP。つまり100枚以上を綴じ合わせたずっしりと重いワインリストは国別の分類。f もとの酒売り場で使っていた冷蔵ケースを、温度設定のみ変えてワインセラーに活用。g フードメニューを列記した黒板にハンガーフックと、壁面も有効利用。

壁に並ぶ400銘柄のワインは圧巻。
ラテン系のノリが心地いい

マル2階
maru nikai

東京都中央区八丁堀3-22-10 2F
☎ 03-3552-4477

　江戸時代創業という老舗酒店「宮田屋」が経営する「マル」は、1階が酒屋と立ち飲みスペース、2階がバル、3階がビストロという複合店舗で、いずれのフロアも連日満席の大賑わいだ。マル誕生のきっかけは26年前、現オーナー・松澤弘一郎さんの父が酒屋の奥にスタンディングバーを開業したことに遡る。持ち込み料を払えば店内で購入した酒が飲めるスタイルと、祖母のつくる手料理が評判となり、立ち飲み目当てのお客で行列ができるほどの盛況ぶりだったという。

　2階のバルのオープンは、そんな店を見て育った弘一郎さんのアイデアから生まれた。ラテン系の音楽が流れる賑やかな雰囲気は、ラテン好きな父の影響を受け、中南米を放浪して現地のバル文化を肌で感じてきた弘一郎さんのセンスが生かされた結果だ。

　ボトルワインの売り方も個性的。壁一面の棚にずらりと並べ、それぞれに価格と紹介文を記したPOPを貼り付けている。お客が自由に手に取って選び、気に入ったものをオーダーするというスタイルだ。ワインは常時400銘柄、中心価格帯は3000円台。酒屋直営ならではの品揃えとコストパフォーマンスだ。

　一方、料理は二男の裕次郎さんが担当。家族経営で人件費を抑え、そのぶん素材に原価をかけた満足度の高い料理を提供するのが店の方針。メニューは和、洋、エスニックとさまざまなジャンルのテイストを盛り込んだユニークな構成で、常時60品以上を用意する。売りのひとつは、店内中央に配置した焼き台でつくる炭火焼きで、地鶏やソーセージなどの串焼きは1本から注文可能。いろいろな料理を楽しみたいお客にとって、うれしい設定だ。また、築地から仕入れる新鮮な魚介類を使った料理も売り。素材の旬に合わせておすすめを入れ替えるなど、常連客を飽きさせないメニューづくりを心がけている。

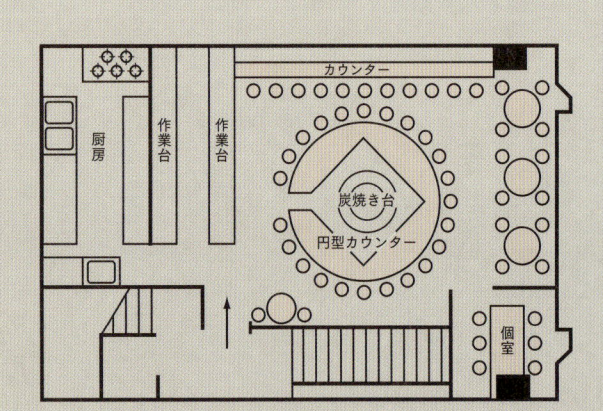

◎営業時間：17時〜23時
◎定休日：土曜・日曜・祝日
◎店舗規模：25坪54席
◎客単価：4000円
◎フード中心価格帯：750円
◎ワイン中心価格帯：グラス450円
　　　　　　　　　　ボトル3000円
◎アルコール売上げ比率：60%
◎開業年月：2003年4月

a 炭火焼きの調理台を囲むように、丸くカウンター席を配置。 b スパイスをきかせたラムチョップや、ヒヨコ豆のペースト「ハムス」など中南米・中東のエッセンスを取り入れた料理も多い、多国籍なメニュー構成。 c 壁面に沿って設えたワインラックには、約400銘柄のボトルワインが並ぶ。1日に空くボトルの数は、実に100本以上。 d ボトルワインは、お客が自分で棚から好きな銘柄を選ぶスタイル。詳細なPOPに加え、ソムリエのスタッフも常駐していて頼もしい。 e 壁一面をワインのラベルでデコレーション。 f グループ客向けの個室も1部屋用意。 g 1階は酒屋「宮田屋」。奥には立ち飲みスペースがあり、和洋のフードと、日本酒や焼酎、ワインなど多彩な酒を提供する。

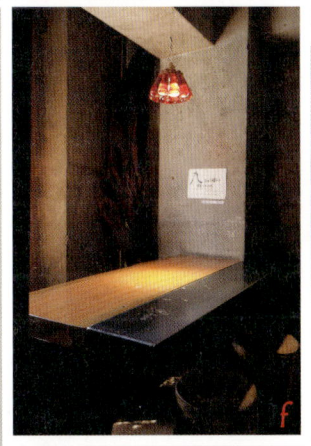

6

魚のつまみ

スペイン産小いわしのマリネ

うにのプリン

貝とえびの塩ゆで

エル プルポ

魚河岸バル 築地タマトミ
ヒラメのカルパッチョ

ポキート
生ハムで締めた真ダイのカルパッチョ

鰹とコリアンダーのカルパッチョ
日仏食堂 トロワ

タイラ貝のカルパッチョ
魚河岸バル 築地タマトミ

うにのプリン
エル プルポ

殻にクリーミーなムースを詰め、生ウニをのせた"ウニづくし"の一品。磯香るやさしい味に岩塩でアクセントをつけて。

材料［20皿分］
生ウニ……板ウニ2枚＋適量
玉ネギ（みじん切り）……1個
生クリーム……200㎖
板ゼラチン……3枚
EVオリーブ油、オリーブ油、岩塩、塩、黒コショウ

1　オリーブ油をひいたフライパンに玉ネギを入れ、火が通りやすいよう水を少量加え、水分がなくなるまで炒める。
2　1と生ウニ（板ウニ2枚）、生クリームをミキサーに入れ、撹拌する。
3　2を鍋に移し、板ゼラチンを加えて弱火で溶かす。塩気が足らない場合は、塩で味を調える。漉した後、バットに移して冷蔵庫で冷やす。
4　3をウニの殻に流し、その上に生ウニ（適量）をのせる。
5　岩塩と黒コショウをふり、EVオリーブ油をまわしかける。皿に盛り付ける（1皿2個）。

貝とえびの塩ゆで
エル プルポ

むにっとした姫ツブ貝と、ぷりぷりの縞エビの取り合わせ。貝は黒コショウ、エビはタイムとローリエで風味づけ。

材料［1皿分］
姫ツブ貝……4個
縞エビ……4尾
粒黒コショウ……適量
赤唐辛子……適量
タイム……適量
ローリエ……適量
塩

1　姫ツブ貝は、沸騰した湯に粒黒コショウ、赤唐辛子、塩を入れて茹でる。
2　縞エビは、沸騰した湯に赤唐辛子、タイム、ローリエ、塩を入れて茹でる。1の姫ツブ貝とともに皿に盛り付ける。

スペイン産小いわしのマリネ
エル プルポ

スペインバルの超定番。小イワシはスペイン製の瓶詰めを使い、調味は2種のオイルだけ。本場の味をそのままに。

材料［1皿分］
小イワシ（フィレ）*1……2枚
ニンニクオイル*2……適量
イタリアンパセリ（みじん切り）……適量
EVオリーブ油
＊1 スペイン製の瓶詰。
＊2 ニンニク（みじん切り）をオリーブ油に漬けたもの。オイルのみ使用。

1　バットに小イワシを並べ、ニンニクオイルとEVオリーブ油を流し、冷蔵庫に1日おく。
2　皿に盛り付け、EVオリーブ油をたっぷりとまわしかけ、イタリアンパセリを散らす。

ヒラメのカルパッチョ
魚河岸バル 築地タマトミ

レモンの皮で仕上げるのは、ユズをすりおろしてふる和食の技術「ふりユズ」の応用。繊細なヒラメの味が生きる。

材料［1皿分］
ヒラメ（切り身）……45g
レモン汁……1/2個分
細ネギ（みじん切り）……適量
イタリアンパセリ（みじん切り）
レモンの皮……適量
EVオリーブ油……15㎖
塩、黒コショウ

1　ヒラメはそぎ切りにし、皿に並べる。
2　塩、黒コショウをふり、レモン汁をまわしかける。
3　EVオリーブ油をかけ、細ネギ、イタリアンパセリを散らす。おろし金でレモンの皮をすりおろし、散らす。

鰹とコリアンダーのカルパッチョ
日仏食堂 トロワ

脂の少ない初ガツオならではの一皿。爽やかな酸味とハーブの香味は、とくにきりっと冷えた白ワインと好相性。

材料［1皿分］
初ガツオ……100g
カルパッチョ用サラダ（P.218）……適量
マリネ用
　コリアンダーの茎……適量
　シブレット……適量
　ニンニクオイル*……適量
　グレープシードオイル……適量
ドレッシング（P.218）……適量
コリアンダーの茎（みじん切り）……適量
ラディッシュ（せん切り）……適量
ライム（くし形切り）……適量
EVオリーブ油、塩、ゲランドの塩、黒コショウ
*ニンニクのコンフィ（P.218）をつくった際に鍋に残った油。

1　マリネ用の材料はすべて混ぜ合わせる。
2　初ガツオは塩をふって10分おく。表面に浮いた水分を拭き取り、1と合わせてラップフィルムに巻いて保存する。
3　2のカツオを薄切りにし、皿に盛り付ける。ゲランドの塩と黒コショウをふり、ドレッシングとEVオリーブ油をまわしかける。
4　コリアンダーの茎とラディッシュを散らし、カルパッチョ用のサラダをのせ、ライムを添える。

生ハムで締めた真ダイのカルパッチョ
ポキート

真ダイに生ハムのうまみを移して味わう仕立て。味の相性のよさもさることながら、食感の近さは驚きに価する。

材料［1皿分］
真ダイ（切り身）……40g
生ハム（ハモン・イベリコ・デ・ベジョータ）……タイと同量
トマト（粗くきざむ）……小さじ1
ドライトマト（みじん切り）……少量
アサツキ（きざむ）……少量
レモン風味のEVオリーブ油*……適量
塩
*オリーブの実とレモンの皮を一緒に搾った、レモンがふんだんに香るEVオリーブ油。

1　真ダイに軽く塩をふる。しばらくおいた後、表面に浮いた水分を拭き取る。皮を引き、皮は湯にくぐらせて氷水にとり、水気を拭き、細切りにする。身は薄いそぎ切りにする。
2　生ハムは真ダイと同じ厚さ、大きさに切る。
3　皿に真ダイの身と生ハムを交互に、少しずつ重ねながら盛り、上に皮をのせる。トマト、ドライトマト、アサツキを散らし、レモン風味のEVオリーブ油をまわしかける。

タイラ貝のカルパッチョ
魚河岸バル 築地タマトミ

ホースラディッシュとレモンのソースで味わう貝のカルパッチョ。レモンの皮でさわやかな香りを添えて。

材料［1皿分］
タイラ貝（厚さ3㎜にスライス）……1/2個
レモン汁……1/2個分
ホースラディッシュ（すりおろす）……小さじ1/2
細ネギ（みじん切り）……適量
イタリアンパセリ（みじん切り）……適量
レモンの皮……適量
EVオリーブ油……15㎖
塩、黒コショウ

1　タイラ貝はボウルに入れ、塩、黒コショウをふり、レモン汁、ホースラディッシュ、EVオリーブ油を加えて和える。細ネギを加え混ぜる。
2　1のタイラ貝を皿に盛り付け、ボウルの底にたまった汁をまわしかける。イタリアンパセリをふり、おろし金でレモンの皮をすりおろし、散らす。

スペインバル&レストラン バニュルス
魚介のサルピコン

ポキート
トリ貝と筍の子、菜の花、シードラのジュレ和え

ヒコイワシのマリネ
バル デ エスパーニャ ペロ

マグロの生ハム
富士屋本店ワインバー

フォワグラと穴子のテリーヌ
富士屋本店ワインバー

カサゴのパテ
リンコン カタルーニャ

エスカベッシュ
三鷹バル

97

魚介のサルピコン
スペインバル&レストラン バニュルス

5種の魚介が口の中で踊る、食感の楽しいサラダ。パプリカと玉ネギを合わせた白ワインヴィネガーのソースで。

材料［1皿分］
真ダイ、スルメイカ、ホタテ貝柱、ブラックタイガー、スモークサーモン……各20g
ルーコラ、ターサイ、水菜、小松菜、コスレタス、レッドマスタード、アンディーヴ、ホウレン草……計20g
白ワイン……適量
サルピコンソース（P.217）……適量
レモン（くし形切り）……1/8個
イタリアンパセリ……適量
EVオリーブ油、オリーブ油、塩、コショウ

1　真ダイは軽く塩をふり、しばらくおいた後、表面に浮いた水分を拭き取る。
2　スルメイカは皮をむき、塩、コショウをふる。オリーブ油をひいたフライパンで炒め、白っぽくなったら白ワインを加え、アルコール分を飛ばす。
3　1、2、ホタテ貝柱、ブラックタイガー、スモークサーモンを、それぞれ1.5cm程度の角切りにする。
4　ボウルに3、サルピコンソース、EVオリーブ油、塩、コショウ入れ、和える。
5　野菜はそれぞれ食べやすい大きさにちぎり、皿に敷く。4を盛り、レモンとイタリアンパセリをあしらう。

トリ貝と筍の子、菜の花、シードラのジュレ和え
ポキート

季節の魚介と野菜をリンゴ酒のジュレで和え、つるんと喉越しよい一品に。和の薬味の香りがひと際印象的。

材料［1皿分］
トリ貝……2個
タケノコ（茹でた穂先、スライス）……6枚
生ハム（かたい部分）……適量
昆布……適量
菜の花（小さいつぼみ）……4本
シードラのジュレ（P.221）……大さじ3
花穂ジソ……適量
木の芽……適量
ユズの皮（せん切り）……適量
キャビア風魚卵……適量
塩

1　鍋に茹でたタケノコを入れ、だしとして生ハムと昆布を入れ、水をひたひたにはる。10分ほど煮て、火をとめる。煮汁にひたしたまま冷まして味を含ませる。
2　トリ貝は殻から取り出し、掃除する。4等分に切る。
3　菜の花は塩を加えた湯で色よく茹でる。
4　水気を切った1～3を合わせ、シードラのジュレで和える。器に盛り、花穂ジソ、木の芽、ユズの皮を散らし、キャビア風魚卵を上にのせる。

ヒコイワシのマリネ
バル デ エスパーニャ ペロ

すっぱいと感じるくらい白ワインヴィネガーをきかせてさわやかに。添えたフレッシュトマトの酸味が軽さを後押し。

材料［1皿分］
ヒコイワシ……3尾
白ワインヴィネガー……適量
トマト……1/4個
イタリアンパセリ……適量
EVオリーブ油、塩、フロール・デ・サル＊
＊スペイン製の塩。

1　ヒコイワシは頭を落とし、手で3枚におろして中骨と内臓を取り除く。塩をふって1時間おき、表面に浮いた水分を拭き取る。
2　1をバットに並べ、白ワインヴィネガーをふり、冷蔵庫に1日おく。EVオリーブ油をひいたバットに移し、使用するまで漬けておく。
3　トマトは湯むきして、食べやすい大きさに切る。
4　皿に2と3を盛り付け、イタリアンパセリを飾る。フロール・デ・サルをふり、EVオリーブ油をかける。

マグロの生ハム
富士屋本店ワインバー

ねっちりとした食感は、まさに生ハム。燻製後、軽くあぶったスモーキーな香りは樽香のきいたワインによく合う。

材料［10皿分］
ビンチョウマグロ……500g
昆布……2枚
白ワイン……適量
スモークウッド……適量
イタリアンパセリ……適量
塩……10g
砂糖……5g

1　ビンチョウマグロに塩と砂糖をまんべんなくふりかけ、脱水シートで巻いて1晩おく。
2　昆布は白ワインにひたして1晩おき、もどす。
3　スモークウッドに火をつけ、網にのせた1とともにアルミ缶などに入れて2時間冷燻にする。
4　3を2の昆布ではさみ、昆布締めの要領で1晩おく。
5　4のマグロを厚さ7～8mmに切り、バーナーで軽くあぶり、皿に盛る（1皿5枚）。イタリアンパセリを飾る。

カサゴのパテ
リンコン カタルーニャ

日本人になじみのカサゴを色鮮やかなパテに。クリーミーで軽やかな口当たりで、カヴァや白ワインとの相性もよい。

材料[1皿分]
カサゴのパテ……でき上がりより80g
  カサゴ……1尾
  サーモン(フィレ)……200g
  ローリエ……2枚
  赤唐辛子……1本
  トマトピュレ……50g
  パプリカパウダー*1……大さじ1
  卵……4個
  生クリーム……400㎖
  水……適量
付け合わせ野菜*2……適量
白ワインヴィネガー……適量
パプリカパウダー……適量
パセリオイル(P.223)……適量
アイオリソース(P.223)……適量
バゲット(スライス)……4枚
EVオリーブ油、塩、白・黒コショウ
*1 燻製香のあるもの。スペイン製。
*2 ベビーリーフなど。それぞれ食べやすい大きさにちぎる。

1 カサゴのパテをつくる
①カサゴは三枚におろす。アラもとりおく。
②鍋に水をはり、ローリエ、赤唐辛子、塩を入れて火にかけ、沸騰したら①の身とアラ、サーモンを入れ、茹でる。水位はひたひた程度が目安。魚に火が通ったら、煮汁にひたしたまま常温に冷ます。
③鍋から魚を取り出して骨と皮を取り除く。煮汁は漉して鍋に戻し、トマトピュレ、パプリカパウダーを入れ、半量になるまで煮詰める。
④③の魚の身と煮汁をフードプロセッサーに移し、ペースト状になるまで撹拌する。
⑤ボウルに卵と生クリームを入れ、④を加え混ぜ、塩、白コショウで味を調える。テリーヌ型に流し入れる。
⑥⑤を湯煎にし、120℃のオーブンで50分加熱する。常温に冷まし、冷蔵庫に1晩おく。
2 ボウルに付け合わせ野菜を入れ、白ワインヴィネガー、EVオリーブ油、塩をふって和える。
3 1を厚さ約5㎜に切って皿に並べる(1皿4枚)。パプリカパウダーと黒コショウをふり、パセリオイルをかける。2とバゲットを添え、アイオリソースを線状にかける。

フォワグラと穴子のテリーヌ
富士屋本店ワインバー

醤油だれで煮た穴子とフォワグラを重ねて。口にすると脂のうまみが広がる。やわらかなブルゴーニュの赤ワインなどに。

材料[12皿分(テリーヌ型1台分)]
穴子(骨をはずし、開いたもの)……10尾
鴨のフォワグラ……1/2個
たれ*……適量
イチジクの赤ワインソース(P.221)……適量
イタリアンパセリ……適量
バター……適量
塩、コショウ
*濃口醤油、みりん、酒を同割で合わせ、水でのばしたもの。

1 穴子はヒレを取り、日本酒(分量外)でぬめりを洗う。たれで12分煮る。
2 鴨のフォワグラは厚さ1㎝に切り、塩、コショウをふる。フライパンにバターを入れて火にかけ、フォワグラの両面を焼く。この時出た脂はとりおく。
3 テリーヌ型にラップフィルムを敷き込み、1を皮を上にして敷く。その後、2と残りの穴子を交互に重ね、一番上に穴子を重ねて終了。層の隙間には2でとりおいたフォワグラの脂を詰めて形を整える。
4 軽く重しをし、冷蔵庫に1晩おく。
5 皿にイチジクの赤ワインソースを敷き、4を12等分の厚さに切って盛り付ける。イタリアンパセリを添える。

エスカベッシュ
三鷹バル

ワカサギなど小魚が定番のエスカベッシュを刺身用ブリでアレンジ。味がよくしみるよう、しっかり揚げるのがポイント。

材料[2皿分]
ブリ(刺身用)……10切れ
玉ネギ……1個
白ワインヴィネガー……100g
小麦粉……適量
オリーブ油……100g+適量
サラダ油、塩

1 ブリは塩をふってしばらくおく。小麦粉をつけて180℃のサラダ油で揚げる。しっかり火が通り、身が締まるくらいまでよく揚げること。
2 玉ネギはスライスして、オリーブ油(適量)をひいた鍋でほんの少し色づくくらいまで炒める。オリーブ油(100g)、白ワインヴィネガーを加え、沸騰してから弱火で15分加熱する。塩で味を調える。
3 1のブリを深めの容器に入れ、熱々の2をかけてそのまま冷やす。皿に盛り付ける。

カニのクレープ包み

リンコン カタルーニャ

ウナギのライスバーガー

ポキート

カニのクレープ包み
リンコン カタルーニャ

伝統的なシーフード料理を食べやすいクレープ包みにして洗練。殻ごと炒め煮した、濃厚なカニのうまみが詰まっている。

材料 [1皿分]

クレープのフィリング
- 毛ガニ……1/2ハイ
- ズワイガニ（脚身、冷凍）……50g
- ホタテ貝柱（ざく切り）……20g
- ニンニク（みじん切り）……5g
- 玉ネギ（みじん切り）……1/4個
- 白ワイン……適量
- ホールトマト……10g

カニのソース……でき上がりより10g
- 毛ガニ……2ハイ
- ニンニク（きざむ）……3片
- 玉ネギ（きざむ）……3個
- ホールトマト……500g
- 魚介のブイヨン（P.223）……300mℓ

クレープの皮……でき上がりより1枚
- 卵……1個
- 薄力粉……50g
- 生クリーム……100mℓ
- 牛乳……100mℓ

ベシャメルソース（P.223）……20g
シードル……適量
パセリオイル（P.223）……適量
オリーブ油、サラダ油、塩、コショウ

1 クレープのフィリングをつくる。
①鍋にオリーブ油とニンニクを入れて火にかけ、ニンニクがキツネ色になったら玉ネギを加え、飴色になるまで炒める。
②毛ガニを適当な大きさに切って①に加え、木ベラで殻をつぶしながら炒める。適度に身がほぐれたら、カニの殻を取り除く。
③ズワイガニ、ホタテ貝柱、白ワインを加え、木ベラでホタテ貝柱をつぶしながら、アルコール分を飛ばす。
④ホールトマトを加え、塩、コショウで味を調え、どろりとした状態になるまで煮詰める。水分が多い場合は、パン粉（分量外）を加えて濃度をつける。

2 クレープの皮をつくる。
①ボウルに材料と塩、コショウを入れ、泡立て器でよく混ぜる。
②クレープパンを温め、サラダ油をぬり、①を薄くのばして焼く。

3 クレープを仕上げる。作業台に**2**を広げて半分に切り、**1**を半量ずつのせて春巻きの要領で包む。冷凍保存する。

4 カニのソースをつくる。
①鍋にオリーブ油をひき、ニンニクと玉ネギを入れて炒める。玉ネギがしんなりしたら毛ガニを殻ごと加えて色が鮮やかになるまで炒め、ホールトマトと魚介のブイヨンを加えて1時間煮込む。
②ハンドミキサーでカニの殻をつぶすようにして撹拌する。漉す。

5 仕上げる。
①鍋に**4**、ベシャメルソース、シードルを入れ、混ぜながら温め、塩で味を調える。
②耐熱容器に**3**を2本入れ、180℃のオーブンで芯が温かくなるまで焼く。
③皿に①を流し、②のクレープを1本はそのまま、1本は半分に切って盛り付ける。ソースの上にパセリオイルを流す。

ウナギのライスバーガー

ポキート

さくっと揚げたサフランライスでウナギのシェリー煮をサンド。見て食べて楽しめる、新味あふれる創作タパス。

材料［1皿分］

ウナギのペドロ・ヒメネス煮……でき上がりより90g
| ウナギ（開いたもの）……1枚
| 小麦粉……適量
| ペドロ・ヒメネス*1……100㎖
| 赤ワイン……150㎖
サフランライス……でき上がりより2枚
| 米……1カップ
| 水……1カップ
| サフラン……適量
| 塩……少量
| オリーブ油……少量
| パルミジャーノ・レッジャーノ（すりおろす）……大さじ2
| バター……大さじ1
木の芽ペースト……でき上がりより小さじ1
| 木の芽……2〜3つかみ
| EVオリーブ油……100㎖
ピクルス（P.221）……適量
ヴィネガー風味のポテトチップス（P.221）
　　……ジャガイモ小1/2個分
オリーブ油、揚げ油*2、塩、コショウ

*1 スペイン産の甘口シェリー酒。
*2 オリーブ油とサラダ油を混ぜたもの。

1　ウナギのペドロ・ヒメネス煮をつくる。
①ウナギに塩、コショウをふり、小麦粉を薄くまぶす。
②フライパンにオリーブ油をひき、①を両面焼く。
③②を鍋に移し、ペドロ・ヒメネス、赤ワインを注いで煮込む。煮詰まったら水を加え、ウナギがやわらかくなるまで煮る。最後は、煮汁がとろりとするまで煮詰める。
2　サフランライスをつくる。
①鍋に水、サフラン、塩、オリーブ油を入れて火にかける。沸騰したら米を入れる。リゾットをつくる要領で時々混ぜながら、煮詰まったら水（分量外）を足しつつ、火を通していく。
②アルデンテになったら、パルミジャーノ・レッジャーノとバターを混ぜ込む。
③バットにあけ、薄く広げて冷ます。
④冷えかたまったら、直径8㎝のセルクルで抜き、冷凍する。
3　木の芽ペーストをつくる。材料をミキサーで撹拌する。
4　仕上げる。
①1を一口大に切る。
②2を180℃の揚げ油でさくっと揚げる。
③②で①をはさみ、皿に盛る。3のペーストを流し、ピクルスとヴィネガー風味のポテトチップスを添える。

バル デ エスパーニャ ペロ
アサリのマリナーラ風

エル ポニエンテ ゴソ
ムール貝の怒りん坊風

活浅蜊のココット蒸し
魚河岸バル 築地タマトミ

白バイ貝のハーブボイル
魚河岸バル 築地タマトミ

エル ブエイ
釜あげしらうおのにんにく炒め

エル プルポ
はまぐりとホワイトアスパラの白ワイン蒸し

あぶりタコのガリシア風
エル プルポ

ツブ貝とタケノコのソテー
富士屋本店ワインバー

アサリのマリナーラ風
バル デ エスパーニャ ペロ

ソースの材料は赤ピーマン、トマト、魚のだし、むきエビなど15種以上。アサリのうまみでますます厚く、後引く味に。

材料［1皿分］
アサリ……15個
ニンニク（スライス）……1/2片
緑パプリカ（スライス）……10g
玉ネギ（スライス）……10g
白ワイン……適量
マリナーラソース（P.219）……100g
イタリアンパセリ（みじん切り）……適量
オリーブ油、塩

1　オリーブ油をひいた鍋でニンニクを炒め、香りが立ってきたら、緑パプリカと玉ネギを加えてしんなりするまで炒める。アサリと白ワインを加え、アルコール分を飛ばす。
2　マリナーラソースを加えて煮る。アサリの殻が開いたら塩で味を調える。
3　素焼きの土鍋に移して温め直し、沸いたらイタリアンパセリをふる。

活浅蜊のココット蒸し
魚河岸バル 築地タマトミ

すーっとさわやかなアサリの白ワイン蒸しは、ショウガが隠し味。加熱時間は最小限にとどめ、ふっくらした食感に。

材料［1皿分］
アサリ……300g
ニンニク（半分に切る）……1/2片
ショウガ（小指の先程度の大きさに切る）……1/4片
白ワイン……30ml
EVオリーブ油……大さじ1＋大さじ1/2
イタリアンパセリ（みじん切り）……適量
塩

1　鍋にEVオリーブ油（大さじ1）、ニンニク、ショウガを入れて火にかけ、香りが立ってきたらアサリと白ワインを加えて蓋をし、アサリの殻が開くまで中火で蒸す。
2　火からおろし、塩で味を調え、EVオリーブ油（大さじ1/2）とイタリアンパセリを加える。蓋をして再び火にかけ、湯気が出てきたら鍋をゆすってソースを全体にからめる。

ムール貝の怒りん坊風
エル ポニエンテ ゴソ

カイエンペッパーとパプリカパウダーで香りづけした、ムール貝のオイル煮。辛さは強くなく、貝のうまみを味わえる。

材料［1皿分］
ムール貝……10～15個
白ワイン……適量
レモン……1切れ
パセリの軸……適量
ニンニク（みじん切り）……1片
赤唐辛子（種を取る）……1本
パプリカパウダー……小さじ2
カイエンペッパー……小さじ1/2
オリーブ油、塩

1　ムール貝はひげを取り除き、掃除する。
2　鍋に1、白ワイン、レモン、パセリの軸を入れて火にかける。貝の殻が開いたら煮汁ごと常温におき、冷めたら殻から身をはずす。
3　2の身をバットに並べ、軽く塩をふる。
4　耐熱容器にオリーブ油を浅くひき、ニンニクと赤唐辛子を入れて弱火にかける。ニンニクがキツネ色になったら3を加えて軽く混ぜる。
5　パプリカパウダーとカイエンペッパーを混ぜ合わせ、4に加え混ぜる。

白バイ貝のハーブボイル
魚河岸バル 築地タマトミ

貝をレモンやハーブとともに茹で、心地よい香りを移してワインに合う洋風の味わいに。軽いつまみに最適。

材料［5皿分］
白バイ貝……1kg
A
　玉ネギ（4等分に切る）……1/4個
　レモンの皮……1/2個分
　イタリアンパセリ……1束
　粒黒コショウ……30粒
　白ワイン……100ml
　塩……茹で汁の重量の1%

1　鍋に白バイ貝とかぶるくらいの湯を入れ、Aの材料を加えて弱火で20分煮る。器に盛り付ける。

釜あげしらうおのにんにく炒め
エル ブエイ

ニンニクオイルでコーティングしたシラウオは、ぐっとスペインらしく、ぐっとワインのあてに寄る。半熟卵で濃厚に。

材料［1皿分］
シラウオ（釜揚げ）……50g
卵……1個
ニンニクのオイル漬け*1……小さじ2
イタリアンパセリ（みじん切り）……適量
バゲット（スライス）……4枚
バルサミコソース*2……適量
EVオリーブ油、オリーブ油
＊1 ニンニク（みじん切り）をオリーブ油に漬けたもの。
＊2 バルサミコ酢を半量まで煮詰めたもの。

1　オリーブ油をひいたフライパンに卵を割り入れ、半熟の目玉焼きをつくる。
2　オリーブ油をひいたフライパンにニンニクのオイル漬けを入れて火にかけ、香りが立ってきたらシラウオを入れ、さっと炒める。
3　皿の中央に1をのせ、そのまわりに2を盛り、焼いたバゲットを添える。イタリアンパセリを散らし、バルサミコソースとEVオリーブ油をまわしかける。

はまぐりとホワイトアスパラの白ワイン蒸し
エル プルポ

貝の白ワイン蒸しを春らしい仕立てに。ホワイトアスパラと菜の花は、ハマグリと生ハムのだしをたっぷり含んでうまい。

材料［1皿分］
ハマグリ……5個
ホワイトアスパラガス（長さ4～5cmに切る）……2.5本
菜の花（半分の長さに切る）……20g
ニンニクのオイル漬け*1……小さじ1
生ハム*2……適量
白ワイン……適量
バター……10g
イタリアンパセリ（みじん切り）……適量
オリーブ油
＊1 ニンニク（みじん切り）をオリーブ油に漬けたもの。
＊2 イベリコ・ベジョータの切り落とし肉をきざんだもの。

1　フライパンにオリーブ油をひき、ニンニクのオイル漬けと生ハムを炒め、香りが立ったらハマグリ、ホワイトアスパラガス、白ワインを加え、蓋をして蒸し煮にする。
2　ハマグリの殻が開いたら菜の花を入れ、バターを加えて煮汁と混ぜる。器に盛り、イタリアンパセリをふる。

あぶりタコのガリシア風
エル プルポ

タコならではのぷりっとした歯ごたえを残したいから、焼かずにあぶるだけ。たっぷりのパプリカパウダーがガリシア風。

材料［1皿分］
水ダコ（足、スライス）……8枚
パプリカパウダー……適量
EVオリーブ油、岩塩

1　水ダコは網にのせ、軽く焼き色がつく程度に両面を直火であぶる。
2　1を皿に並べ、EVオリーブ油、岩塩、パプリカパウダーをふる。

ツブ貝とタケノコのソテー
富士屋本店ワインバー

ツブ貝とタケノコを、ニンニクとパセリのきいたソースでフレンチスタイルに。くにゅくにゅ、さくさくと食感も楽しい。

材料［1皿分］
ツブ貝……2個
タケノコ（水煮）……1/6個
ニンニク（みじん切り）……1片
白ワイン……10㎖
トマトソース（P.221）……70㎖
生クリーム……30㎖
ニンニクオイル（P.221）……大さじ1
バター……大さじ1
パセリ（みじん切り）……適量
オリーブ油、コショウ

1　フライパンでオリーブ油と半量のニンニクを熱し、ニンニクが色づいたらツブ貝を入れて軽く炒める。
2　白ワインを加えて熱し、ツブ貝は表面がかたくなったら取り出し、一口大に切る。残った煮汁はトマトソースと生クリームを加えて濃度がつくまで煮詰め、ニンニクオイル、バター、パセリを加え混ぜ、ソースとする。
3　タケノコは一口大に切り、オリーブ油をひいたフライパンで残りのニンニクとともに軽く炒める。
4　ツブ貝とタケノコを混ぜ合わせて皿に盛り、ソースをかけ、コショウをふる。

エル プルポ
フリットミックス

魚河岸バル 築地タマトミ
稚鮎のフリット

たらとじゃがいものフリット
三鷹バル

マグロ、アボカド、トマトのわさび揚げ
キッチン セロ

ポキート
アンダルシア風かき揚げ

富士屋本店ワインバー
桜海老のガレット

牡蠣のムニエル
魚河岸バル 築地タマトミ

マグロのアラ炭火焼き
マル2階

フリットミックス
エル プルポ

素材の味を生かしたいからセモリナ粉と牛乳だけの軽い衣で包む。タコやエビはぷりぷり、小魚はほくほくの食感。

材料 [1皿分]
メヒカリ……3尾
真ダコ（足、スライス）……5枚
縞エビ……4尾
牛乳……適量
セモリナ粉……適量
レモン（くし形切り）……適量
サラダ油、塩

1 メヒカリは、頭を落とし、内臓を取る。真ダコは、塩を加えた湯で茹でる。
2 1と縞エビを、それぞれ牛乳にくぐらせ、セモリナ粉をまぶす。
3 2を180℃のサラダ油で2分ほど揚げる。塩をふって皿に盛り付け、レモンを添える。

たらとじゃがいものフリット
三鷹バル

メレンゲを加えた、ふわりとなめらかな食感のフリット。香ばしく揚がった衣との対比が心地よく、次々に手がのびる。

材料 [1皿分]
タラ……50g
ジャガイモ（メークイン）……50g
卵黄……1個分
卵白……1個分
小麦粉……20g
サラダ油、塩

1 タラとジャガイモはそれぞれ蒸す。タラは骨を取り除く。ジャガイモは皮をむいてマッシャーなどでつぶし、マッシュポテトにする。
2 1のタラとジャガイモ、卵黄を混ぜ合わせ、塩で味を調える。
3 卵白に塩を少量加え、泡立て器で撹拌してメレンゲをつくる。
4 3のメレンゲを2に加えて、ヘラなどでさっくりと混ぜる。続いて小麦粉もさっくりと混ぜる。
5 スプーンですくい、もう1本のスプーンで揚げ油に落とすようにして200℃のサラダ油で揚げる。熱々を皿に盛り、楊枝を添える。

稚鮎のフリット
魚河岸バル 築地タマトミ

日本の初夏の味覚である稚アユを、イタリア産小麦粉でフリットに。ほろ苦いワタごと旬のおいしさを味わう。

材料 [1皿分]
稚アユ……8尾
小麦粉（00粉*）……適量
イタリアンパセリ（みじん切り）……適量
レモン（くし形切り）……適量
ヒマワリ油、塩
*イタリア産の小麦粉。

1 稚アユは小麦粉をまぶし、165〜170℃のヒマワリ油で色づかない程度にからっと揚げる。
2 塩をふって器に盛り、イタリアンパセリを散らす。レモンを添える。

マグロ、アボカド、トマトのわさび揚げ
キッチン セロ

爽やかなワサビの辛みがきいたフリット。さっと揚げてトマトやアボカドのみずみずしさを衣の中に閉じ込める。

材料 [1皿分]
マグロ……50g
トマト……1/4個
アボカド……1/4個
漬けだれ*……適量
衣
　薄力粉……30g
　ワサビ粉……20g
　炭酸水……40㎖
　塩
コーンスターチ……適量
サラダ油、塩
*濃口醤油と酒を1:1で合わせ、沸かして冷ましたもの。

1 マグロは4等分、トマトは2等分にくし形切り、アボカドは一口大に切り、すべて漬けだれと合わせて5分おく。
2 衣の材料をすべて混ぜ合わせる。
3 1の汁気を拭き取り、コーンスターチをまぶしてから2をつけ、180℃のサラダ油で揚げる。器に盛り、塩を添える。

アンダルシア風かき揚げ
ポキート

揚げ衣に使ったのはヒヨコ豆の粉。スペイン・アンダルシア地方の町、マラガで食べ、店で聞いたレシピがヒント。

材料 [1皿分]
桜エビ……35g
玉ネギ（くし形スライス）……1/2個
揚げ衣
　ヒヨコ豆粉……35g
　水……35g
　塩……少量
イタリアンパセリ（みじん切り）……適量
オリーブ油、揚げ油＊
＊オリーブ油とサラダ油を混ぜたもの。

1　ボウルに揚げ衣の材料を入れ、混ぜ合わせる。
2　1に桜エビと玉ネギを入れ、まんべんなく混ぜる。30分おいてなじませる。
3　フライパンにオリーブ油をひいて熱し、2を3枚に分けて広げる。両面を焼きかため、取り出す。
4　3を180℃の揚げ油でからりと揚げ、器に盛り付け、イタリアンパセリを散らす。

牡蠣のムニエル
魚河岸バル 築地タマトミ

表面はかりっ、中はふっくら、ジューシーに焼き上げたカキを、マッシュルームとレモンのさわやかなソースで。

材料 [1皿分]
カキ（加熱用）……6個
小麦粉（00粉＊）……適量
バター……20g
マッシュルーム（スライス）……2個
レモン汁……1/2個分
イタリアンパセリ（みじん切り）……2つまみ
オリーブ油……30ml
塩、黒コショウ
＊イタリア産の小麦粉。

1　カキは水気を拭き取り、片面に塩、黒コショウをふり、全面に小麦粉をはたく。
2　フライパンにバターとオリーブ油を半量ずつ入れ、バターが溶けたら1を加え、両面をこんがりと焼いて器に盛る。
3　同じフライパンに残りのバターとオリーブ油を入れ、マッシュルームを炒める。塩をふり、レモン汁、イタリアンパセリを加える。2にまわしかける。

桜海老のガレット
富士屋本店ワインバー

小麦粉はつなぎ程度の量で、桜エビの香ばしさとうまみを存分にアピール。バターソースと松の実も丸ごと香ばしい一皿。

材料 [1皿分]
桜エビ（生）……70g
薄力粉……少量
焦がしバターソース
　バター……大さじ1
　松の実……適量
　レモン汁……適量
　パセリ（みじん切り）……適量
　塩
サラダ油

1　ボウルに桜エビと薄力粉を入れて、まとまるように混ぜる。薄力粉の量は、エビがぎりぎりまとまる程度が目安。
2　フライパンにサラダ油をひいて熱し、1を薄くのばしてかりかりになるまで両面を中火で焼く。
3　焦がしバターソースをつくる。フライパンにバターを入れ、茶色く色づいて泡がぷつぷつと出てくるまで熱する。残りの材料を加え混ぜる。
4　皿に3を流し、2を盛り付ける。

マグロのアラ炭火焼き
マル2階

赤ワインに合う和のつまみ。骨からこそげとった肉を、七味唐辛子をきかせた醤油ベースのたれでつけ焼きに。

材料 [1皿分]
マグロのアラの肉＊……70g
醤油だれ……適量
　濃口醤油……適量
　みりん……適量
　酒……適量
　七味唐辛子……少々
＊骨に残った肉をこそげとったもの。

1　醤油だれをつくる。濃口醤油、みりん、酒を同割で合わせ、七味唐辛子をふる。
2　マグロのアラの肉は食べやすい大きさに切る。網にのせ、醤油だれをつけながら炭火で焼き、中まで火を通す。皿に盛り付ける。

蛸とジャガイモのトマト煮込み
フリーゴ

車えびのにんにくオイル煮
エル プルポ

ほたるいかと菜の花のアヒージョ
スペインバル＆レストラン バニュルス

マンボウのトリッパ

魚河岸バル 築地タマトミ

蛸とジャガイモのトマト煮込み
フリーゴ

ぐつぐつと沸き立つトマトソースにまみれた、飯ダコとジャガイモ。隠し味のスパイスが、味の深みの理由。

材料［1皿分］
飯ダコ…… 5ハイ
ジャガイモ（厚めの半月切り）…… 1個
ニンニク（みじん切り）…… 小さじ1/2
パプリカパウダー…… 少量
クミンパウダー…… 少量
トマトソース（P.221）…… 60mℓ
パセリ（きざむ）…… 適量
水…… 適量
塩、コショウ

1 ジャガイモはひたひたの水で茹でる。8割方火が通ったら、ニンニク、パプリカパウダー、クミンパウダー、トマトソースを加え、飯ダコも入れて煮込む。味がのったら、塩、コショウで味を調える。
2 1を素焼きの土鍋に移し、ぐつぐつと沸かして水分を飛ばし、パセリをふる。

ほたるいかと菜の花のアヒージョ
スペインバル&レストラン バニュルス

苦みのある素材とニンニクオイルの相性は抜群。トマトは加熱しないのがコツ。フレッシュな酸味と温度差を楽しむ。

材料［1皿分］
ホタルイカ…… 6ハイ
菜の花…… 3本
プチトマト（半割り）…… 2個
ニンニク（みじん切り）…… 1片
赤唐辛子…… 1/2本
オリーブ油、塩

1 ホタルイカは塩を加えた湯で茹でる。菜の花は茎と葉に切り分け、それぞれ食べやすい大きさに切る。
2 素焼きの土鍋にオリーブ油を入れ、ニンニクと赤唐辛子を加えて火にかける。香りが立ってきたらホタルイカと菜の花を加え、塩をふる。
3 菜の花がしんなりしたらプチトマトを加え、すぐに火からおろす。

車えびのにんにくオイル煮
エル プルポ

スペインでいう「アヒージョ（オイル煮）」は、エビがお決まり。シェリー酒ときざんだ生ハムで、風味とコクをプラス。

材料［1皿分］
車エビ…… 8尾
ニンニクのオイル漬け*1…… 大さじ1
生ハム*2…… 適量
シェリー酒…… 少量
イタリアンパセリ（みじん切り）…… 適量
オリーブ油、塩
*1 ニンニク（みじん切り）をオリーブ油に漬けたもの。
*2 イベリコ・ベジョータの切り落とし肉をきざんだもの。

1 車エビは殻をむき、頭を落として背ワタを取る。
2 素焼きの土鍋にオリーブ油、ニンニクのオイル漬け、生ハムを入れて熱し、香りが立ってきたら1を入れ、塩をふる。
3 エビの色が変わったらシェリー酒を加え、アルコール分を飛ばし、イタリアンパセリを散らす。

マンボウのトリッパ

魚河岸バル 築地タマトミ

牛ミノに似た食感のマンボウの腸で、バルの定番をアレンジ。ハーブ入りの湯で下茹でし、臭みを取り除くのがコツ。

材料 [つくりやすい分量]
マンボウの腸……1kg
下茹で用
　レモンの皮……1/2個分
　野菜の端材*……適量
　粒黒コショウ……10粒
　タイム……1/2枝
　ローリエ……1/2枚
ニンニク(横半分に切る)……1片
赤唐辛子……1本
玉ネギ(スライス)……1個
ホールトマト……800g
白ワイン……150〜200㎖
水……1ℓ
ブーケガルニ……1束
松の実……大さじ1
黒オリーブ……10個
ケイパー……大さじ1/2
イタリアンパセリ(みじん切り)……適量
オリーブ油、塩、黒コショウ
*パセリの茎や玉ネギの芯など。

1　マンボウの腸は、沸騰した湯に下茹で用の材料とともに入れ、1時間〜1時間30分茹で、一口大に切る。
2　オリーブ油をひいた鍋に、ニンニク、赤唐辛子を入れて火にかけ、香りが立ってきたら玉ネギを加えて色づかないように炒める。
3　1のマンボウの腸を加えて軽く塩をふり、ホールトマトを入れ、つぶしながら煮詰める。
4　白ワインを注いでアルコール分を飛ばし、軽く煮詰める。水、ブーケガルニを加えて弱火で1時間30分煮る。
5　松の実、黒オリーブ、ケイパーを加え、さらに20分煮る。塩、黒コショウで味を調え、冷蔵庫に1晩おいて味をなじませる。
6　温め直し、イタリアンパセリを散らす。

自由奔放にジャンルを超える
"土の香り"のボーダレスバル

フリーゴ
FRIGO

京都府京都市左京区田中下柳町8-7
☎ 075-771-2050
http://www.frigo-kyoto.com

　京阪電車出町柳駅からほど近く、今出川通に店を構える「フリーゴ」。鴨川をはさんで東に京大、西に同志社大が控えるこのエリアには、繁華街のせわしさはなく、どこか呑気なムードが漂う。

　店名はイタリア語で冷蔵庫の略語。オーナーシェフの久保井潤さんが、イタリア修業旅行中に厨房で初めて覚えた単語だ。何かおいしいものを食べたい、飲みたいと思った時に、冷蔵庫を開ける感覚でふらりと立ち寄ってもらえたら、そんな思いが込められている。

　店づくりのコンセプトは「土の香り」。決して広い店ではないのに、ふっと風が流れるような開放感がある。この魅力的な内装は、店主の手による。古い民家を半年かけて改装したそうだ。店内のあちこちに配された小物は、サービスを担当する夫人のもも子さんのコレクション。イタリア、スペイン、フランス、北アフリカなど、さまざまな文化圏の香りがないまぜになり、ボーダレスな心地よい雰囲気を生み出している。

　フードメニューにも国境はない。イタリア料理を軸に、フレンチビストロ風、スペインタパス風、京都らしいおばんざい風、スパイスのきいたエスニック風と自由奔放。品数も80品を超える賑やかさで、サラダ、マリネ、オイル煮などの定番タパス40品をはじめ、肉・魚料理、パスタ、リゾット、ピッツァ、デザートに至るまで幅広い。食材は、滋賀で農業を営む久保井さんの実家から調達。無農薬野菜をふんだんに使った、まさに土の香りのする大らかな品々なのだ。

　アルコールのすすめ方にも、店の気さくさが表れている。タイプの異なるワイン3杯が飲める「ききワインセット」630円は女性客に人気だし、生ビールに前菜盛り合わせが付く「ほろ酔いセット」1050円は、仕事帰りの男性客に受けている。

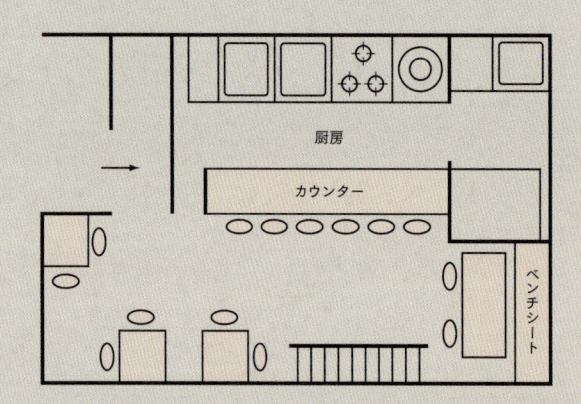

○営業時間：日曜〜水曜18時〜翌0時（23時L.O.）
　　　　　金曜・土曜18時〜翌2時（翌1時L.O.）
○定休日：木曜
○店舗規模：10坪16席
○客単価：3500円
○フード中心価格帯：400円〜800円
○ワイン中心価格帯：グラス500円〜700円
　　　　　　　　　ボトル3500円〜5000円
○アルコール売上げ比率：50%
○開業年月：2007年6月

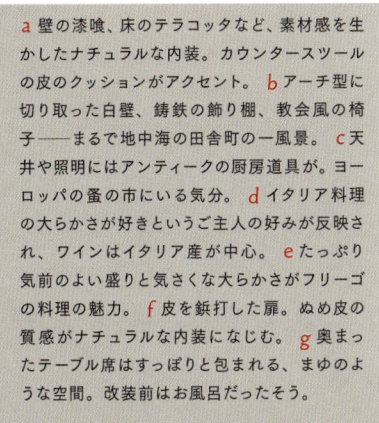

a 壁の漆喰、床のテラコッタなど、素材感を生かしたナチュラルな内装。カウンタースツールの皮のクッションがアクセント。 b アーチ型に切り取った白壁、鋳鉄の飾り棚、教会風の椅子──まるで地中海の田舎町の一風景。 c 天井や照明にはアンティークの厨房道具が。ヨーロッパの蚤の市にいる気分。 d イタリア料理の大らかさが好きというご主人の好みが反映され、ワインはイタリア産が中心。 e たっぷり気前のよい盛りと気さくな大らかさがフリーゴの料理の魅力。 f 皮を鋲打した扉。ぬめ皮の質感がナチュラルな内装になじむ。 g 奥まったテーブル席はすっぽりと包まれる、まゆのような空間。改装前はお風呂だったそう。

個性あふれる多彩な料理。
人にやさしい京都の名店

ポキート
Poquito

京都府京都市中京区河原町通三条上ル下丸屋町401-10
☎ 075-212-8450

　河原町御池から一筋下がった小路に、京都が誇る名店「ポキート」がある。イタリア料理人としてキャリアをスタートさせた廣岡寿規さんがスペインにほれ込み、2005年7月に開業した店だ。しっとりとした飴色のカウンターは12席。その上をするすると動くピンチョスケースがチャームポイントだ。

　ポキートは、なんといっても料理が楽しい。黒板に手書きされる30余品は、オリジナル料理と定番タパスが見事に両立。脂が美味な生ハムに淡味な真ダイの刺身を重ねたり、鴨のグリルをキューバのカクテルを模したソースでドレスアップしたり、アイデアは縦横無尽だ。

　定番タパスの安定感も見逃せない。店名を冠した豚頭肉の煮込みはスペイン伝統の料理だが、燻製香のするパプリカを隠し味に、同業料理人が思わずうなる味にまとめている。

　生ハムの選び方にも店主の考えが表れる。スペインバルらしさという点では、ドライで噛みごたえがあり、多少アクがあるくらいのほうが似つかわしいが、あえて生肉のやわらかさを連想させるタイプをチョイス。日本人は、なめらかで口溶けのよいタイプを好む傾向にあるからだ。

　ソムリエ有資格者の廣岡さんだけあって、酒のすすめ方も心憎い。揚げたてのフリットを肴に、気持ちよく冷えたカヴァ・ブリュット・ナチュレを味わえば、補糖せず造られたスパークリングワインの魅力に開眼するだろう。締めにきゅっと強いものをと望めば、アルコール度数70％超のアニスリキュール、チンチョンにノックアウト。

　夜更けになると、仕事を終えた料理人が続々と姿を現す。ここでしか味わえない酒とつまみがリーズナブルな価格で楽しめるのだから、玄人が放っておくはずがない。もちろん、一見客にも分け隔てなく応じる心のこもった接客や、21時まで禁煙タイムにするなどの、細やかな心遣いも人気の理由だ。

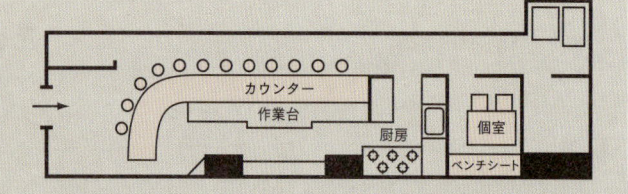

◎営業時間：18時〜翌1時
　　　　　　（火を使うもの翌0時 L.O.、それ以外翌1時 L.O.）
◎定休日：不定休
◎店舗規模：11坪17席
◎客単価：4000円
◎フード中心価格帯：600円〜1000円
◎ワイン中心価格帯：グラス500円〜1000円
　　　　　　　　　　ボトル4000円〜5000円
◎アルコール売上げ比率：50％
◎開業年月：2005年7月（2011年12月拡張改装）
＊掲載内容は改装以前のもの

a 扉を開けるとカウンターが待ち受ける。着心地のよいセーターのような、落ち着ける空間だ。21時まで禁煙タイムにしてフードラバーにもスモーカーにも配慮。b カウンター上のピンチョスケース。色とりどりのピンチョス（1個150円）が目にも楽しい。c 定番タパスからリストランテ並みの料理まで。通いたくなる理由はここにもある。d カウンター奥の小さな厨房から、プロをもうならせる個性派タパスが繰り出される。e メニューはスペイン、イタリア、京都のいいとこどり。f スペイン、イタリアワインを中心としたユニークで豊富な品揃え。g 子連れ客にもバルを楽しんでほしいから、個室を設置。h ハモン・イベリコ・デ・ベジョータは脂のきめこまかさ、口溶けのよさが魅力。

魚介が主役のスペインバル。
素材重視の料理で専門性をアピール

エル プルポ
El Pulpo

東京都新宿区神楽坂4-3 宮崎ビル1F
☎ 03-3269-6088
http://www.el-cerdo.com

「エル プルポ」のオープンは2007年6月。2005年以降、東京でブーム化の兆しを見せつつあったスペインバルが、一気に隆盛をきわめた時期と符合する。そんな中、同店は食材の面から専門店化を図り、ブームの最中、一歩抜きん出る存在となった。

専門とするのは魚介料理。スペインの港町に必ずあるというシーフード料理店、通称「マリスケリア」をモデルにコンセプトを練り上げた。メニューは、グランド約30品、日替わりのおすすめ約15品を用意。魚介のマリネやフリット、オイル煮などスペインバルの定番を抑えつつ、オリジナルメニューをバランスよくミックスしているのが特徴だ。オリジナルの代表格で、お客の8割が注文するヒットメニューが、本書で紹介している「ウニのプリン」。スタッフがスペイン・バスクのレストランで体験したウニの温かいポタージュにヒントを得て考案した、冷製の一品だ。

専門性を深める最大のポイントは、素材重視の姿勢を貫くこと。魚介類は、オーナーが築地市場に毎日足を運び、買い付けたものが中心。料理は、エビのオイル煮には活けの車エビを使い、ウニのプリンには仕上げのトッピングにも生ウニを使うなど、しっかりと原価をかけてクオリティアップ。また、調理や味つけはシンプルを心がけ、素材の魅力を全面に打ち出している。

料理には真摯だが、空間はといえば、そこはバル。適度に力の抜けた、賑わい感のあるデザインだ。店名の「プルポ」はスペイン語で「タコ」のこと。看板やオーニングに描かれたチャーミングなタコのイラストが、お客を出迎える。壁は、これまたタコを連想させるピンク色。13坪に25席を配しているが、特等席はなんといってもカウンター。今日は何を食べようか――ショーケースにずらりと並んだ新鮮な魚介類が心をくすぐる。

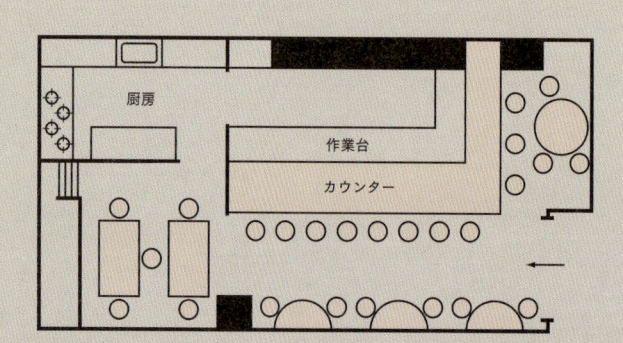

◎営業時間：18時～翌1時 L.O.
　　　　　（土曜・日曜・祝日は～23時 L.O.）
◎定休日：無休
◎店舗規模：13坪25席
◎客単価：4500円
◎フード中心価格帯：700円～1000円
◎ワイン中心価格帯：グラス700円～1000円
　　　　　　　　　　ボトル3000円～4000円
◎アルコール売上げ比率：50%
◎開業年月：2007年6月

a "シーフード"をテーマにしたメニューを展開。手前はスペシャリテの「ウニのプリン」で、単品原価率約50%のお値打ち品。 b 客席はカウンター席をメインとしながら、壁沿いに小さなテーブルを配している。 c ワインはスペイン産のみ。赤・白各10銘柄を用意しており、シーフードに合わせてカヴァも7銘柄と充実させている。 d・e カウンター奥の大きな黒板にグランドメニュー、その右にある小さな黒板に日替わりメニューを記載。ショーケースには、エビや貝などの新鮮な魚介類や、オリーブ、ピンチョスなどがところ狭しと並ぶ。 f 店内奥にはテーブル席2卓を用意。賑やかなカウンターエリアに対し、こちらは落ち着いた雰囲気。

ドライエイジングビーフが売り。
"肉押し"なのに女性の心も射抜く

エル ブエイ
EL BUEY

東京都新宿区神楽坂3-4 AYビル1F
☎ 03-3266-0229
http://www.el-cerdo.com

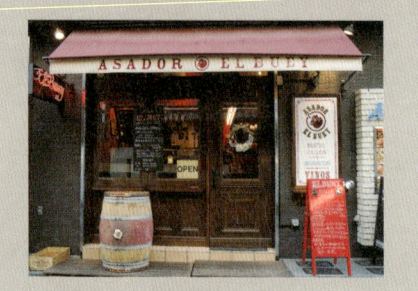

　2010年9月にオープンした「エル ブエイ」は、"牛肉"をテーマにしたスペインバルだ。モチーフとしたのは、「アサドール」と呼ばれるスペインの炭火焼きレストラン。それをポーションや価格を抑えるなどカジュアルな方向に寄せ、バルスタイルに昇華した。

　フードメニューは約30品。看板メニューは、20日間ドライエイジングしてうまみを深めた和牛赤身肉の炭火焼きで、塩だけで味つけした直球勝負の一皿だ。その他、和牛の生ハム、タンのカルパッチョ、トリッパの煮込みなど、正肉とモツそれぞれの持ち味を生かした調理法で牛の魅力を猛プッシュ。「牛だけじゃ満足できない」、そんな肉好きの声には、隠し球、松坂豚のローストで応える。

　一方で、シラウオのソテーやマッシュルームのオーブン焼きなど、魚介や野菜を使った軽いタパスの選択肢もメニューに加えている。"肉押し"ながらもバランスのとれた商品構成、さらには小粋な盛り付けで、来店客の男女比は5：5と女性客の獲得に成功している。

　アルコールのおすすめはシードル。「肉料理とシードルは、スペインではポピュラーな組合せなんです」とシェフの野堀貴則さん。とりわけ、香ばしく焼き上げた牛肉と、ほどよく酸味のあるドライなシードルの相性は抜群という。もちろん、ワインもスペイン産に限定した赤・白計20銘柄の品揃えで、料理とさまざまなマリアージュが楽しめる。

　エル ブエイが店を構えるのは、東京屈指の飲食激戦区である神楽坂。同エリアには姉妹店の「エル プルポ」（120頁）が一足先に出店している。両店ともスペインバルであり、店づくりの根っこは同じ。しかしながら、エル ブエイは"牛肉"、エル プルポは"シーフード"と異なるカラーを打ち出すことで、お客を食い合うことなく、互いが繁盛店に成長している。そんな店舗展開の手法も見どころだ。

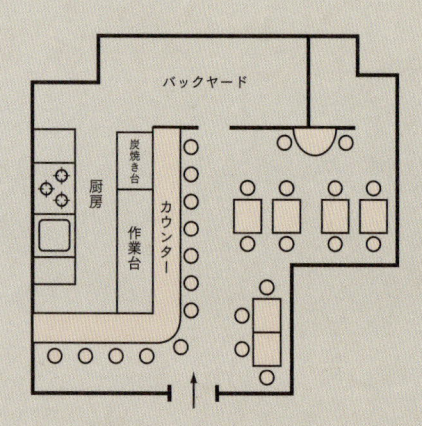

◎営業時間：18時～翌1時 L.O.（土曜・日曜・祝日は～23時 L.O.）
◎定休日：無休
◎店舗規模：12坪26席
◎客単価：4500円
◎フード中心価格帯：700円～1000円
◎ワイン中心価格帯：グラス700円～1000円、ボトル3000円～4000円
◎アルコール売上げ比率：50%
◎開業年月：2010年9月

a 壁はスペインらしい情熱の赤で、幾何学模様のタイルがアクセント。闘牛など牛に関連したポスターを賑やかに飾り付け、照明は存在感のあるアンティークをチョイス。b 肉料理をメインとしながら、魚介や野菜のタパスも豊富に用意。スペインバルの定番にこだわらず、オリジナルのメニューも組み込む。c 開放的なL字型のオープンキッチン。向かって右側のガラス張りの一角は、炭火焼きの調理スペース。もくもくと煙を上げながら、香ばしい匂いを漂わす。d 看板メニューの和牛赤身肉の炭火焼き。e ワインはスペイン産オンリーの品揃えで、濃い目の赤が充実。シードルの販売にも力を入れている。f ワイングラスに刷られた、店のコンセプトを象徴するロゴマーク。

7
肉のつまみ

イベリコハムとポテト、しし唐

バル デ エスパーニャ ペロ

鴨胸肉のブレザオラとモスタルダ
イル ランポ

牛肉の自家製ハム
エル ブエイ

ゆっくり焼いたローストポーク
バール タッチョモ

イベリコハムとポテト、しし唐
バル デ エスパーニャ ペロ

イモは事前に火を入れてから揚げると素材感が引き立つ。余熱でじんわり溶け出す生ハムの脂が、フライにしみてうまい。

材料 [1皿分]
ジャガイモ（男爵）……230g
シシ唐……12本
生ハム（パレタ*、スライス）……40g
サラダ油
*イベリコ豚の前脚でつくる生ハム。

1　ジャガイモは、太めのくし形切りにする。100℃のスチームコンベクションオーブンで7～8分加熱する。
2　1とシシ唐を175℃のサラダ油でからっと揚げる。
3　皿に2を盛り付け、生ハムをのせる。

牛肉の自家製ハム
エル ブエイ

牛刺のようにしっとり、ソフトな食感。そのままでほどよい塩気を味わうもよし、マスタードでパンチをきかせるもよし。

材料 [12皿分]
牛モモ肉（ブロック）……500g
砂糖……10g
塩……25g
ニンニクマスタード（P.215）……適量
黒コショウ

1　牛モモ肉は、砂糖、塩、黒コショウをすり込み、冷蔵庫に1晩おく。
2　表面に浮いた水分を拭き取り、脱水シートを巻いて冷蔵庫に1日おく。再度水分を拭き取り、ラップフィルムにくるんで冷蔵庫に1日おく。
3　2を薄くそぎ切りにし、皿に並べて黒コショウを挽く。ニンニクマスタードを添える。

鴨胸肉のブレザオラとモスタルダ
イル ランポ

鴨肉の自家製生ハム。マスタードパウダーを混ぜた甘酸っぱいオレンジジャムや、清々しいフェンネルシードで軽やかに。

材料 [つくりやすい分量]
鴨胸肉……1枚
自家製ジャム……でき上がりより適量
　オレンジ……4個
　砂糖……400g
　ワイン……100ml
　水……500ml
　ヴァニラビーンズ……1/2本
ルーコラ……適量
フェンネルシード……適量
マスタードパウダー……適量
塩、黒コショウ

1 鴨胸肉は両面に塩をふり、冷蔵庫に1日おく。
2 1を皮目だけ焼き、バットに移す。身の側にフェンネルシードと粗く挽いた黒コショウを同割で混ぜたものをすり込み、むき出しのまま冷蔵庫に半日おく。
3 2をビニール袋に入れて密封し、冷蔵庫に1〜2週間おく。
4 自家製ジャムをつくる。
①オレンジは皮と身に分ける。皮は茹でてアク抜きする。
②①の皮と身をきざみ、砂糖、ワイン、水、ヴァニラビーンズを鍋に入れ、弱火で煮詰める。とろみがついたら火からおろし、冷まして冷蔵庫で保存する。
5 3を薄く切り、半分に折って皿に盛り、その上にルーコラをあしらう。4とマスタードパウダーを混ぜたものを鴨肉の間にバランスよく盛り、挽いたフェンネルシードをふる。

ゆっくり焼いたローストポーク
パール タッチョモ

低温のオーブンでゆっくりと火を入れ、芯温を60℃にもっていく。ほんのりピンク色のしっとりとした仕上がりが理想。

材料 [つくりやすい分量]
豚肩ロース肉（ブロック）*1……2kg
ローズマリー……4〜5枝
ニンニク（つぶす）……7〜8片
付け合わせ野菜*2……各適量
イタリアンパセリ（みじん切り）……適量
EVオリーブ油、塩、岩塩、黒コショウ
*1 冷蔵庫から出し、常温にもどしておく。
*2 レタス、水菜、ベビーリーフなど。それぞれ食べやすい大きさに切る。

1 豚肩ロース肉は、スジのあたりから横一直線に深めの切り込みを1本入れる。
2 1の切り込みに、ローズマリーとニンニクをはさみ、タコ糸で縛る。表面に塩と黒コショウをすり込む。
3 熱したフライパンに入れ、強火で全面に焼き色をつける。岩塩を敷いた耐熱容器に移し、130℃のオーブンで2〜3時間（豚肉の芯温が60℃になるまで）焼く。
4 皿に付け合わせ野菜をのせ、その上に薄く切った3を盛り付ける。黒コショウを挽き、EVオリーブ油をまわしかける。イタリアンパセリを散らす。

自家製ソーセージ
カレーとワイン ポール

鴨のソーセージ
富士屋本店ワインバー

吉田豚と鶏白レバーのパテ

スペインバル＆レストラン バニュルス

自家製ソーセージ
カレーとワイン ポール

1本15cmと迫力満点。タネはこねすぎず、肉の食感を残した素朴な味わい。鶏軟骨を混ぜ、リズミカルな歯ざわりに。

材料［10皿分］
A
- 豚バラ肉（粗挽き）……1.25kg
- 豚肩ロース肉（粗挽き）……250g
- 鶏軟骨（粗みじん切り）……100g
- ニンニク（みじん切り）……3片
- 玉ネギ（みじん切り）……1/2個
- ローリエパウダー……2g
- ジンジャーパウダー……5g
- オールスパイス……2g
- グラニュー糖……10g
- 塩……28g
- 白・黒コショウ……各5g

卵……2個
白ワイン……150ml
豚腸*……1本
マッシュポテト（P.216）……150g
イタリアンパセリ（みじん切り）……適量
粒マスタード……適量
EVオリーブ油、オリーブ油、黒コショウ
＊表面の塩気を洗い流し、水にひたしておく。

1 ソーセージをつくる。
①ボウルに **A** の材料をすべて入れ、粘りが出るまで練る。卵と白ワインを加え、再び練る。
②腸詰用の機械に①を入れ、口金（絞り口）に豚腸を取り付ける。豚腸に①を詰め、1本15cmの長さにして端を縛る。

2 オリーブ油をひいたフライパンに **1** を入れ、弱火でじっくりと中まで火を通す。

3 皿にマッシュポテトを盛り付け、その上に **2** をのせる。黒コショウを挽き、イタリアンパセリを散らし、EVオリーブ油をまわしかける。粒マスタードを添える。

鴨のソーセージ
富士屋本店ワインバー

フランス料理の定番「鴨のオレンジソース」をカジュアルにアレンジ。柑橘の酸味で、赤身肉のうまみが引き立つ。

材料［20皿分］
鴨のソーセージ（直径5cmの人工ケーシング4本分）
- 鴨モモ肉……1kg
- 豚バラ肉（スライス）……1kg
- 鶏ハツ……500g
- 砂糖……12.5g
- 塩……30g
- コショウ……12.5g

マーマレードソース
- オレンジマーマレード……250g
- 米酢……50ml
- レモン汁……50ml
- EVオリーブ油……30ml
- オレンジ果汁……10ml

葉野菜……適量
オリーブ油、ゲランドの塩、コショウ

1 鴨のソーセージをつくる。
①鴨モモ肉は骨を除き、豚バラ肉とともに小さく切る。
②鶏ハツは血合いを取り除き、1cm程度のさいの目に切る。
③①と②、調味料を混ぜ合わせ、冷蔵庫に1晩おく。
④③をフードプロセッサーに入れ、肉の食感が残る程度に軽く粘りが出るまで撹拌する。ボウルに移し、さらに粘りが出るまで練る。
④4等分し、それぞれ人工ケーシングに詰める。75℃に熱したオリーブ油で50分煮る。ケーシングに詰めたまま冷蔵庫で保存する。

2 マーマレードソースをつくる。すべての材料を混ぜ合わせる。

3 **1** を厚さ約1cmに切り、ケーシングをはずして表面をバーナーであぶる。**2** を敷いた皿に葉野菜とともに盛り付け、ゲランドの塩とコショウをふる。

吉田豚と鶏白レバーのパテ
スペインバル&レストラン バニュルス

豚ノド肉、モモ肉、背脂、鶏白レバーをミックス。きめ細かく、やわらかな口当たりの反面、味は濃厚で力強い。

材料［つくりやすい分量］
吉田豚ノド肉……600g
吉田豚モモ肉……300g
吉田豚背脂……100g
鶏白レバー……450g
A
| ニンニク（みじん切り）……小さじ1
| オールスパイス……適量
| シナモン……適量
| 塩……18g
| 黒コショウ……2g
卵……1個
ペドロ・ヒメネス*……適量
タイム……3枝
ローリエ……2枚
イタリアンパセリ（みじん切り）……適量
オリーブ（黒、緑、茶のミックス）……適量
ピクルス（コルニッション）……適量
バゲット……適量
EVオリーブ油
＊スペイン産の甘口シェリー酒。

1 吉田豚のノド肉、モモ肉、背脂と鶏白レバーは、それぞれ1〜2cm程度のさいの目切りにする。
2 ボウルに**1**と**A**の材料を入れ、ざっくりと混ぜ合わせる。バットに移し、冷蔵庫に1晩おく。
3 **2**を挽き肉機にセットし、粗めに挽く。ボウルに移し、卵とペドロ・ヒメネスを加え、粘りが出るまでしっかりと練る。
4 **3**をテリーヌ型に詰め、上から手で押さえてしっかりと空気を抜く。タイムとローリエをのせ、150℃のオーブンで2時間焼く。粗熱をとり、冷蔵庫に1晩おく。
5 **4**を厚さ1.5cm程度に切り、皿に盛り付ける。EVオリーブ油をまわしかけ、イタリアンパセリを散らす。オリーブ、ピクルス、バゲットを添える。

鴨のコンフィとキノコのソテー
キッチン セロ

モルーノ
三鷹バル

豚耳のプランチャ

リンコン カタルーニャ

トリッパのソテー

ポキート

鴨のコンフィとキノコのソテー
キッチン ゼロ

丸ごとでは少々重たい印象の鴨モモ肉のコンフィ。一口大にほぐし、たっぷりのキノコと炒めてカジュアルな一品に。

材料［1皿分］
鴨モモ肉……1本
A
| ニンニク（スライス）……1片
| ローリエ（小さめにちぎる）……2枚
| タイム（長さ2～3cmに切る）……1枝
| ローズマリー（長さ2～3cmに切る）……1枝
| 粗塩……鴨肉1kgあたり25g
| グラニュー糖……鴨肉1kgあたり3g
キノコ類*……適量
ニンニク（みじん切り）……適量
エシャロット（みじん切り）……適量
パセリ（みじん切り）……適量
ラード……500g
塩、コショウ
＊ここでは山エノキ茸、エリンギ、舞茸、椎茸、シメジを使用。

1 鴨モモ肉のコンフィをつくる。
①鴨モモ肉に**A**の材料をまぶし、冷蔵庫に1晩おく。表面を水で洗い流し、ペーパーなどで水気を拭き取る。
②ラードを鍋に入れて熱し、油の温度を80℃に保ちながら①を1時間30分煮る。
③鴨肉を引き上げ、骨をはずし、身を一口大にほぐす。鍋に残ったラードはとりおく。
2 キノコ類は一口大に切る。
3 熱したフライパンに**1**でとりおいたラードを入れ、鴨肉のコンフィを表面がかりっとするまで炒め、いったん取り出す。
4 **3**のフライパンに**2**を入れて炒め、塩、コショウをふる。鴨肉を戻し入れ、ニンニク、エシャロット、パセリを加えてすぐに火をとめる。皿に盛る。

モルーノ
三鷹バル

モルーノは「ムーア人の」という意味。アラブ文化の影響が色濃いスペインではスパイスのきいたケバブ風の串焼きも定番。

材料［1皿分］
豚肩ロース肉……100g
A
| パプリカパウダー……小さじ1
| ニンニク（みじん切り）……少量
| クミンシード……少量
| コリアンダーシード……少量
| タイム……少量
| 白ワイン……少量
| オリーブ油……15g
| 塩、コショウ

1 豚肩ロース肉は一口大に切る。
2 **A**の材料をすべて混ぜ合わせ、**1**を入れてなじませ、1時間おく。
3 **2**を串に刺し、魚焼き用などのグリルで焼く。焼き汁はとりおく。
4 皿に盛り、**3**の焼き汁をまわしかける。

豚耳のプランチャ
リンコン カタルーニャ

本来は炭火焼きにするカタルーニャ料理を、鉄板焼きにアレンジ。スペイン製のフレーバー塩で、味の変化を楽しむ。

材料[1皿分]
豚耳(下茹でしたもの)……1枚
パセリオイル(P.223)……適量
オリーブ油、粒黒コショウ、ピンクペッパー、
フレーバー塩*
*ハーブなどを混ぜたスペイン製の塩。

1　豚耳は表面の毛や汚れを取り除く。
2　小鍋にたっぷりのオリーブ油を入れ、粒黒コショウ、1を加えて火にかける。油温を70℃に保ちながら、2〜3時間煮る。
3　2から豚耳を取り出し、油を切る。粗熱をとり、冷蔵庫で保存する。
4　3を一口大に切り、鉄板で表面に軽く焼き色がつくまで焼く。
5　皿に盛り、パセリオイルをかけ、ピンクペッパーを挽く。フレーバー塩を添える。

トリッパのソテー
ポキート

炒めたキノコを敷き詰めた上に、香ばしく焼いたトリッパを山盛りに。バルサミコ酢の甘酸っぱさをきかせて。

材料[1皿分]
茹でたトリッパ(牛第二胃、P.222)……50g
キノコの炒め煮
　畑シメジ……15g
　椎茸……15g
　舞茸……15g
　白舞茸……15g
　マッシュルーム……15g
　ニンニク(みじん切り)……1/2片
　キノコのペースト*……大さじ1
　水……50㎖
バター……小さじ1
バルサミコ酢……少量
パルミジャーノ・レッジャーノ(細くおろす)……適量
イタリアンパセリ(みじん切り)……少量
EVオリーブ油、オリーブ油、塩、コショウ
*好みのキノコ数種類(各みじん切り)を少量のニンニク(同)とともにオリーブ油で炒めて水分を飛ばす。下味程度に軽く塩をする。

1　キノコの炒め煮をつくる。各種キノコは食べやすい大きさに切ったり、ほぐしたりする。フライパンにオリーブ油をひき、ニンニク、キノコを順に炒める。油が全体にまわったら、キノコのペーストと水を加え、しばらく煮る。
2　茹でたトリッパは、大きめの一口大に切る。フライパンにオリーブ油をひき、トリッパのぼこぼこした面をじっくりと焼く。香ばしい焼き色がつき、かりかりになればよい。
3　素焼きの土鍋に1を敷き詰め、塩、コショウをふり、バターを散らす。その上に2をのせ、2にも軽く塩、コショウをし、バルサミコ酢をたらす。中央にパルミジャーノ・レッジャーノをこんもりとのせ、EVオリーブ油をまわしかける。イタリアンパセリをふる。

イタリアン バール ラ ヴィオラ
仔牛のミラノ風カツレツ

トラットリア・バール イル ギオットーネ
フライドチキン イタリアーノ！

砂肝の唐揚げ
キッチン セロ

とろーりチーズとバジルのカツレツ
世田谷バル

三笠会館伝統の味
鶏の唐揚げ

イタリアン バール ラ ヴィオラ

仔牛のミラノ風カツレツ
イタリアン バール ラ ヴィオラ

焼いたチーズの香りが漂うのは、パン粉にパルミジャーノを混ぜているから。ソースはあえて添えず、軽いテイストに。

材料 [1皿分]
仔牛ロース肉……80g
小麦粉……10g
溶き卵……1/3個分
ミラネーゼパン粉*……50g
バジル……1枚
トレヴィス……1枚
レモン（くし形切り）……適量
無塩バター……15g
オリーブ油、塩
*ドライパン粉（細挽き）とパルミジャーノ・レッジャーノ（すりおろす）を3：1で合わせたもの。

1 仔牛ロース肉は、肉叩きで叩いてのばす。塩をふり、小麦粉、溶き卵、ミラネーゼパン粉の順につける。
2 フライパンを熱し、オリーブ油と無塩バターを入れる。バターが溶けたら**1**を入れ、両面をキツネ色に焼き上げ、油を切る。
3 皿に盛り、バジル、トレヴィス、レモンをあしらう。

砂肝の唐揚げ
キッチン セロ

砂肝の素揚げに、スモーク香をきかせてひとひねり。こりこり感と香ばしさでワインもすすむ。

材料 [1皿分]
鶏砂肝（かたい部分は除く）……12かけ
A
　ローズマリー（長さ2～3cmに切る）……1枝
　タイム（長さ2～3cmに切る）……1枝
　ニンニク（スライス）……1片
　ローリエ（小さめにちぎる）……2枚
　塩……5g
スモークウッド……10cm
パセリ（みじん切り）……適量
サラダ油

1 鶏砂肝は掃除をし、**A**をまぶして40分おく。表面に浮いた水分を拭き取る。
2 中華鍋に、火をつけたスモークウッド、氷入りのバット、網にのせた砂肝の順に重ね、上からボウルをかぶせて1時間～1時間30分冷燻にする。
3 **2**の砂肝を180℃のサラダ油で揚げる。器に盛り、パセリを散らす。

フライドチキン イタリアーノ！
トラットリア・バール イル ギオットーネ

バーニャカウダでマリネしたり、ブロードやマルサラ、ハーブで衣をつくったり。見た目はおとなしくても味はカラフル。

材料 [つくりやすい分量]
鶏手羽先、鶏手羽元……各500g
バーニャカウダソース（P.217）……10g
炒め玉ネギ*1……20g
ショウガ汁……10㎖
衣
　マルサラ酒*2……50㎖
　うまみブロード（P.217）……50㎖
　ローズマリー（みじん切り）……2g
　セージ（みじん切り）……2g
　イタリアンパセリ（みじん切り）……2g
　卵……1個
　コーンスターチ……100g
レモン（半月切り）……適量
塩……肉の重量の2％
サラダ油
*1 オリーブ油をひいたフライパンで玉ネギ（スライス）を飴色になるまで炒めたもの。
*2 イタリア・シチリア産の酒精強化ワイン。甘口。

1 鶏肉はバットに入れ、塩をすり込み、冷蔵庫に1日おく。
2 **1**に、バーニャカウダソース、炒め玉ネギ、ショウガ汁を混ぜ合わせたものをまんべんなくつけ、冷蔵庫に半日おく。
3 衣の材料をすべて混ぜ合わせ、**2**をくぐらせる。
4 **3**を180℃のサラダ油で10分揚げる。200℃のオーブンに移し、数秒加熱して表面をパリッと仕上げる。
5 皿に盛り付け、レモンを添える。

とろーりチーズとバジルのカツレツ
世田谷バル

チーズをはさんでボリュームアップ。一方で、バジルとトマトソースでさわやかさをプラスし、飽きのこない味に。

材料 [1皿分]
カツレツ
| 豚肩ロース肉（厚さ4〜5mmのスライス）……2枚
| ミックスチーズ（スライス）……1枚
| バジル……2枚
| 小麦粉……適量
| 溶き卵……適量
| ドライパン粉……適量
トマトソース……でき上がりより適量
| 玉ネギ（みじん切り）……300g
| ニンジン（みじん切り）……150g
| セロリ（みじん切り）……100g
| ホールトマト……2.5kg
| ローリエ……1枚
| 塩……1つまみ
パルミジャーノ・レッジャーノ（すりおろす）……適量
イタリアンパセリ（みじん切り）……適量
オリーブ油、サラダ油、塩、コショウ

1 トマトソースをつくる。オリーブ油をひいたフライパンで、玉ネギ、ニンジン、セロリを炒める。しんなりしてきたら、ホールトマト、ローリエ、塩を加え、40分煮込む。
2 カツレツをつくる。
①豚肩ロース肉は、それぞれ片面に塩、コショウをふる。
②①の1枚を下味をつけた面を上にして置き、ミックスチーズとバジルをのせる。もう1枚を下味をつけた面が下になるようにして重ねる。
③②に小麦粉、溶き卵、ドライパン粉を順につける。170〜180℃のサラダ油でからっと揚げ、油を切る。食べやすい大きさに切る。
3 器に**1**を流し、**2**を盛り付ける。パルミジャーノ・レッジャーノとイタリアンパセリを散らす。

三笠会館伝統の味 鶏の唐揚げ
イタリアン バール ラ ヴィオラ

丸鶏をさばき、モモ、ムネ、手羽を骨付きのまま使用。醤油とゴマ油が、なじみやすい味と香ばしい風味を生む。

材料 [1皿分]
丸鶏（ひな）……250g
唐揚げのたれ……でき上がりより20mℓ
| 薄口醤油……適量
| 焼酎……適量
| 水……適量
| ゴマ油、砂糖、塩
片栗粉……10g
イタリアンパセリ……適量
レモン（くし形切り）……1/4個
練りからし……10g
ゴマ塩*……21g
サラダ油
*きざんだ煎りゴマ20gと塩1gを混ぜたもの。

1 丸鶏は骨付きのまま50gずつに切り分ける。
2 唐揚げのたれをつくる。
①鍋にゴマ油以外の材料を入れて沸騰させ、アクをひく。
②火からおろして冷まし、ゴマ油を加え混ぜる。
3 ボウルに**1**と**2**を入れ、肉を崩さないように注意しながら、鶏肉にたれをしっかりとからめる。
4 **3**に片栗粉を加え、全体にまんべんなくつける。
5 **4**を180℃のサラダ油で揚げる。途中、何回か引き上げて空気に触れさせる。こうするとぱりっと仕上がる。揚げ時間の目安は8分。
6 皿にペーパーを敷き、**5**をのせ、イタリアンパセリを飾る。レモンと、小皿に盛り付けた練りからしとゴマ塩を添える。

牛バラ肉の赤ワイン煮込み

富士屋本店ワインバー

鶏の煮込み
三鷹バル

白インゲン豆と塩豚の煮込み
日仏食堂 トロワ

牛バラ肉の赤ワイン煮込み
富士屋本店ワインバー

煮詰めて凝縮させた赤ワインで牛肉を煮込む。シンプルながら、時間をかけてこそ生まれるコクと豊かなうまみが人気。

材料 [40皿分]
牛バラ肉（ブロック）…… 5kg
赤ワイン…… 4ℓ
ルビーポート……500㎖
玉ネギ（粗みじん切り）…… 2個
鶏のブイヨン（P.220）……600㎖
ローリエ…… 1枚
生クリーム……適量
パセリ（みじん切り）……適量
オリーブ油、塩、コショウ

1 赤ワインとルビーポートを合わせて鍋に入れ、1/3量になるまで中火で煮詰める。
2 牛バラ肉は3cm角に切り、塩をふる。熱したフライパンに入れ、焼き色をつける。
3 大きめの鍋にオリーブ油をひき、玉ネギを炒める。透き通ってきたら、**1**、**2**、鶏のブイヨン、ローリエを加えてやわらかくなるまで煮る。目安の時間は3〜4時間。
4 皿に盛り、生クリームをたらし、パセリとコショウをふる。

鶏の煮込み
三鷹バル

カタルーニャ地方伝統の鶏料理。アーモンドの入ったトマトソースはとろりと濃厚で、ごちそう感のある一皿だ。

材料 [1皿分]
鶏モモ肉…… 2枚
ソース
　ニンニク（スライス）……30g
　アーモンド（みじん切り）……30g
　ホールトマト……400g
　白ワイン……少量
　白ワインヴィネガー……少量
　塩……大さじ1
　砂糖……小さじ1
　オリーブ油……150g
パプリカパウダー……大さじ1
オリーブ油、塩、コショウ

1 鶏モモ肉は塩、コショウで下味をつけ、一口大に切る。オリーブ油を熱したフライパンで炒めて中まで火を通す。
2 ソースをつくる。
①オリーブ油、ニンニク、アーモンドを鍋に入れ、ニンニクとアーモンドが軽く色づくまで中火で加熱する。
②残りの材料を加えてさらに熱し、沸騰したら弱火にして5分煮る。
③火からおろし、ハンドミキサーで撹拌し、なめらかなソース状にする。
3 **1**の鶏肉と**2**のソースを合わせる。
4 **3**を素焼きの土鍋に盛り付け、温める。

白インゲン豆と塩豚の煮込み

日仏食堂 トロワ

やわらかな塩豚と、野菜と豚のうまみをたっぷり吸い込んだ白インゲン豆のコンビ。白か軽めの赤を合わせたい。

材料［1皿分］
塩豚……下記より50g
塩豚の煮汁……下記より適量
白インゲン豆の煮込み……下記より1/8量
トマト*……小さじ3
イタリアンパセリ（みじん切り）……適量
黒コショウ
＊種を取り除き、粗みじん切りにしたもの。

◎塩豚（つくりやすい分量）
豚バラ肉（ブロック）……1kg
A
| タイム……3枝
| ローズマリー……1枝
| 上白糖……4g
| 粗塩……16g
| 黒コショウ
B
| 玉ネギ（厚さ1cmにスライス）……1個
| セロリ（厚さ1cmにスライス）……1本
| ニンジン（厚さ1cmにスライス）……1本
| ニンニク……2片
| パセリの茎……2本
白ワイン……50㎖
フォン・ブラン（P.218）……2.5ℓ
水……適量

◎白インゲン豆の煮込み（つくりやすい分量）
白インゲン豆（乾燥）……500g
A
| 玉ネギ（みじん切り）……2個
| セロリ（みじん切り）……2本
| ニンニク（みじん切り）……1片
| エシャロット（みじん切り）……1個
| ニンジン（みじん切り）……1本
塩豚の端肉（粗みじん切り）……上記より50g
白ワイン……50㎖
塩豚の煮汁……上記より1ℓ
タイム……1枝
イタリアンパセリの茎……1本
水……適量
グレープシードオイル、塩

1 塩豚をつくる。
①豚バラ肉は余分な脂を切り取る。両面に6ヵ所ずつフォークで穴を開け、**A**をすり込む。
②バットに網をのせて①を置き、冷蔵庫に3～4日おいて乾燥させる。その間、半日ごとにキッチンペーパーで表面の水分を拭き取り、表裏をひっくり返して冷蔵庫に戻す。
③②を別のバットに移し、**B**の野菜と白ワインを加えて冷蔵庫に1晩おく。
④鍋に③の豚肉とフォン・ブランを入れ、水を加えてかぶるくらいに水位を調整し、火にかける。沸騰したら浮いたアクと油を取り除き、③の野菜を加え、弱火で2時間30分～3時間煮る。途中、浮いたアクと油をこまめに取り除く。煮汁ごと冷まし、豚肉はラップフィルムで巻き、煮汁は漉してから保存する。

2 白インゲン豆の煮込みをつくる。
①白インゲン豆はたっぷりの水に1晩ひたしてもどす。ざるにあげて水気を切る。
②グレープシードオイルを熱した鍋に、**A**の材料を入れ、よく炒める。水分が出てきたら塩をふって蓋をし、1/3量になるまで弱火で1時間ほど加熱する。
③塩豚の端肉と白ワインを加えてアルコール分を飛ばし、①と塩豚の煮汁を加える。沸騰したらタイムとイタリアンパセリの茎を加え、弱火で1時間30分～2時間煮る。途中、水分が足りないようなら水を足す。塩で味を調え、タイムとイタリアンパセリの茎を取り除き、バットにあけて冷ます。

3 白インゲン豆と塩豚の煮込みをつくる。
①塩豚は厚さ5㎜ほどに切り分ける。塩豚の煮汁とともに鍋に入れ、温める。
②白インゲン豆の煮込みを耐熱容器に盛り、電子レンジで3分加熱し、トマトを加え混ぜ、210℃のオーブンで10分焼く。
③②に①をのせ、イタリアンパセリを散らし、黒コショウを挽く。

ウサギのビール煮込み
バール タッチョモ

スペイン風ミートボール
バル デ エスパーニャ ペロ

ラムボール
〜ポルチーニのクリーム煮〜
マル2階

ポキート煮込み
ポキート

147

ウサギのビール煮込み

バール タッチョモ

淡白なウサギは煮込みに向く。ビールで煮てやわらかく、ポルチーニを加えて香り高く。オリーブの苦みがアクセント。

材料［10皿分］
ウサギ肉（骨付き）……1羽分
ニンニク（みじん切り）……1片
ニンジン（みじん切り）……1本
玉ネギ（みじん切り）……1個
セロリ（みじん切り）……1本
薄力粉……適量
ビール……1ℓ
鶏のブロード（P.219）……300mℓ
黒オリーブ……30個
ポルチーニ*（乾燥）……適量
イタリアンパセリ（みじん切り）……適量
オリーブ油、塩、コショウ
*水にひたしてもどしておく。

1　ウサギ肉は食べやすい大きさに切り分け、塩、コショウをふる。
2　1に薄力粉をまぶし、オリーブ油をひいたフライパンで焼き色がつくまで炒める。
3　鍋にオリーブ油をひき、ニンニク、ニンジン、玉ネギ、セロリを炒める。香りが立ってきたら2を加え、さっと炒め合わせる。
4　3にビールを入れ、煮汁が1/3量になるまで煮る。
5　鶏のブロード、黒オリーブ、ポルチーニを加え、2時間煮る。塩、コショウで味を調える。
6　器に盛り付け、イタリアンパセリを散らす。

スペイン風ミートボール

バル デ エスパーニャ ペロ

なめらかな口当たりの肉団子。パプリカパウダーのほろ苦さと、パン粉を混ぜてとろみを出したソースがスペイン風。

材料［1皿分］
ミートボール……でき上がりより4個
　合挽き肉……2kg
　卵……8個
　生パン粉……350g
　ナツメグ……適量
　レモン汁……30g
　塩……30g
　コショウ……適量
　中力粉……適量
ソース……でき上がりより130mℓ
　ニンニク（スライス）……5片
　玉ネギ（スライス）……2個
　ニンジン（スライス）……1本
　赤ワイン……375mℓ
　生パン粉……50g
　パプリカパウダー……45g
　フォン・ド・セルド（P.220）……2ℓ
　水……1ℓ
　ローリエ……1枚
　オリーブ油、塩
ジャガイモ（男爵）……適量
サラダ油

1　ミートボールをつくる。ボウルに中力粉以外の材料をすべて入れ、粘りが出るまで混ぜる。1個25gに丸め、それぞれ中力粉をまぶし、170℃のサラダ油で揚げる。
2　ソースをつくる。
①オリーブ油をひいた鍋にニンニクを入れ、香りが立つまで炒める。玉ネギ、ニンジンを入れ、しんなりしてきたら赤ワインを加えてアルコール分を飛ばす。
②生パン粉を入れて軽く炒め、パプリカパウダーを加えてさっと混ぜ合わせる。フォン・ド・セルド、水、ローリエを入れ、20分ほど煮る。
③ローリエを取り除き、ミキサーに移してなめらかになるまで撹拌する。塩で味を調える。
3　ジャガイモは皮をむいて厚めのくし形切りにし、100℃のスチームコンベクションオーブンで7〜8分加熱する。
4　3を175℃のサラダ油でからっと揚げる。
5　素焼きの土鍋に1と2を入れて火にかけ。ふつふつとしてきたら4のジャガイモ（7本）をのせる。

ラムボール
〜ポルチーニのクリーム煮〜
`マル2階`

独特の香りを持つラムはガラムマサラでスパイシーに。まろやかなポルチーニのクリームソースがやさしく包む。

材料 [5皿分]
ラムボール
| 仔羊の挽き肉……1kg
| 卵……1個
| ガラムマサラ……適量
ポルチーニ（乾燥）……80g
バター……適量
玉ネギ（スライス）……3個
パンチェッタ（小さく切る）……200g
白ワイン……適量
生クリーム……1ℓ
イタリアンパセリ（みじん切り）……適量
塩、コショウ

1 ラムボールをつくる。材料をすべてボウルに入れてよく混ぜ合わせ、塩、コショウで味を調える。一口大に丸める。
2 ポルチーニは水にひたしてもどし、きざむ。
3 鍋にバターを熱し、玉ネギとパンチェッタをしんなりするまで炒め、白ワイン、生クリームを加え混ぜる。
4 3に1を加え、味がなじむまで1時間程度煮る。塩、コショウで味を調える。
5 器に盛り付け、イタリアンパセリを散らす。

ポキート煮込み
`ポキート`

豚ホホ肉、耳、タンのトマトソース煮込みは、パプリカパウダーが味の決め手。玄人にも人気の看板メニュー。

材料 [1皿分]
豚ホホ肉（茹でたもの*1、幅2〜3mmの一口大）
豚耳（茹でたもの*1、1.5cmの角切り）
豚タン（茹でたもの*1、1.5cmの角切り）
　　……合計1/2カップ
レンズ豆……60g
トマトソース（P.222）……300ml
豚の茹で汁*1……適量
パプリカパウダー*2……大さじ1弱
カイエンペッパー……小さじ1/2
EVオリーブ油、塩、コショウ

＊1 豚ホホ肉、耳、タンはたっぷりの水で茹でる。水を替え、香味野菜（玉ネギ、ニンジン、セロリ、ニンニク、ローリエ、パセリの茎各適量）、塩、粒黒コショウを加えて、アクを取りながら茹でる。串がすっと通るくらいやわらかくなればよい。茹で汁は漉してとっておく。
＊2 燻製香のあるもの。

1 鍋に茹でた豚ホホ肉、耳、タン、レンズ豆、トマトソースを入れ、豚の茹で汁を足してひたひたにする。これをことことと煮る。水分が減ったら、茹で汁を足す。
2 レンズ豆がやわらかく煮えたら、パプリカパウダーとカイエンペッパーを加え、塩、コショウで味を調える。
3 2を素焼きの土鍋に移し、ぐつぐつと沸かす。パプリカパウダー（分量外）をふり、コショウを挽き、EVオリーブ油をまわしかける。

ミノの煮込み

エル ポニエンテ ゴソ

フィレンツェ風トリッパのトマト煮込み

イタリアン バール ラ ヴィオラ

カジョスのグラタン

エル ブエイ

ミノの煮込み

エル ポニエンテ ゴソ

野菜や白ワインなどで牛モツと豚足をやわらかく煮込む。トリッパ、ミノ、大腸を混ぜることで豊かな食感に。

材料 [つくりやすい分量]
トリッパ（牛第二胃）……4kg
ミノ（牛第一胃）……3kg
牛大腸……2kg
豚足……6本
ヒヨコ豆（乾燥）……1kg
玉ネギ（ざく切り）……2個
ニンジン（ざく切り）……2本
ニンニク……8片
生ハムの骨……1本
赤唐辛子……5本
黒コショウ……大さじ1
タイム……大さじ2
ローリエ……5枚
水……適量
ソース……でき上がりより適量
 ニンニク（みじん切り）……大さじ3
 赤唐辛子……5本
 生ハム（きざむ）……適量
 玉ネギ（みじん切り）……6個
 ピーマン（みじん切り）……12個
 薄力粉……270g
 パプリカパウダー……大さじ9
 カイエンペッパー……大さじ4
 ブランデー……200ml
 白ワイン……適量
 ソフリット*（P.215）……1.26ℓ
 ラード……70ml
 オリーブ油……150ml

1 牛モツはボウルに入れ、塩と赤ワインヴィネガー（分量外）を加えてもみ洗いをする。

2 **1**を水から茹で、沸騰したらざるにあげる。これを2回行う。

3 ヒヨコ豆は1晩水にひたす。水気を切り、さらし袋に入れる。

4 鍋にたっぷりの水、**2**の牛モツ、豚足、さらし袋に入れたヒヨコ豆を入れ、沸騰したら玉ネギ、ニンジン、ニンニク、生ハムの骨、赤唐辛子、黒コショウ、タイム、ローリエを入れ、牛モツがやわらかくなるまで煮込む。途中、アクをこまめにひき、ヒヨコ豆はやわらかくなったら取り出す。

5 牛モツと豚足を取り出して常温に冷まし、それぞれ一口大に切る。煮汁は漉してとりおく。

6 ソースをつくる。鍋にラードとオリーブ油を入れて火にかけ、ニンニク、赤唐辛子、生ハムを入れてよく炒める。玉ネギとピーマンを加え、全体がしんなりとしたら薄力粉、パプリカパウダー、カイエンペッパーを加えてさらに炒める。ブランデー、白ワインを入れて軽く煮詰め、ソフリットを加え混ぜる。

7 鍋に**6**を入れて火にかけ、**5**の煮汁でのばし、温まったら**5**の牛モツと豚足、**4**のヒヨコ豆を加え、浮いたアクと油をひきながらとろみが出るまで煮る。素焼きの土鍋に盛り付ける。

フィレンツェ風
トリッパのトマト煮込み
イタリアン バール ラ ヴィオラ

何度も茹でこぼしたトリッパは、いっさい雑味なし。鮮やかな赤色のトマトソースはフレッシュで酸味のきいた味わい。

材料［28～30皿分］
トリッパ（牛第二胃）……1kg
ニンニク（みじん切り）……3g
赤唐辛子……1本
白ワイン……500㎖
トマトソース（P.214）……1kg
パルミジャーノ・レッジャーノ（すりおろす）……適量
イタリアンパセリ（みじん切り）……適量
EVオリーブ油、オリーブ油、塩

1 トリッパは3～4回茹でこぼし、冷ます。臭みのある部分があれば取り除き、幅1cmの短冊切りにする。
2 オリーブ油をひいたフライパンでニンニクと赤唐辛子を炒める。香りが立ってきたら**1**を加えて炒め合わせ、白ワインを入れ、アルコール分を飛ばす。
3 赤唐辛子を取り除き、トマトソースを加えて1時間煮る。塩で味を調える。
4 皿に盛り付け、パルミジャーノ・レッジャーノとイタリアンパセリをふり、EVオリーブ油をまわしかける。

カジョスのグラタン
エル ブエイ

カジョスとはスペイン版「トリッパの煮込み」。イベリコ豚のサラミでコクを出し、チーズをのせて焼いた濃厚タイプ。

材料［1皿分］
カジョス……でき上がりより150g
    トリッパ（牛第二胃）……2kg
    ニンニクのオイル漬け*……大さじ3
    玉ネギ（みじん切り）……4個
    ニンジン（みじん切り）……1本
    シェリー酒……200㎖
    パプリカパウダー……大さじ5
    イベリコ豚のサラミ（スライス）……250g
    ホールトマト……800g
    水……適量
パルミジャーノ・レッジャーノ（すりおろし）……1つかみ
チェダーチーズ（シュレッド）……20g
イタリアンパセリ（みじん切り）……適量
パプリカパウダー……適量
オリーブ油、塩、黒コショウ
*ニンニク（みじん切り）をオリーブ油に漬けたもの。

1 カジョスをつくる。
①トリッパは流水で汚れを落とし、2～3回茹でこぼす。最後の茹で汁はとりおき、トリッパは食べやすい大きさに切る。
②鍋にオリーブ油とニンニクのオイル漬けを入れて火にかけ、香りが立ってきたら玉ネギとニンジンを加えてしんなりとするまで炒める。
③①のトリッパを入れて炒め合わせ、シェリー酒とパプリカパウダーを加え混ぜる。
④イベリコ豚のサラミとホールトマトを入れ、①でとりおいた茹で汁をひたひたに加え、2～3時間煮る。塩で味を調える。
2 **1**を素焼きの土鍋に移し、温め直す。
3 **2**にパルミジャーノ・レッジャーノとチェダーチーズを散らし、250℃のオーブンで5分焼く。イタリアンパセリを散らし、パプリカパウダーをふり、黒コショウを挽く。

一押しもつ煮込み
カレーとワイン ポール

銀杏と砂ズリのガーリックオイル煮
フリーゴ

カネロニ

リンコン カタルーニャ

目玉のオヤジ

マル2階

一押しもつ煮込み
カレーとワイン ポール

フォン・ド・ヴォー＋八丁味噌。だから、ビーフシチューのようで居酒屋の煮込みのよう。5種のモツはとろとろ。

材料 [30～40皿分]
牛モツ*……3kg
牛スジ……3kg
トリッパ（牛第二胃）……600g
フォン・ド・ヴォー……250㎖
ポートワイン……300㎖
八丁味噌……250g
バター……適量
生クリーム……適量
イタリアンパセリ（みじん切り）……適量
水……適量
塩……2つまみ
黒糖……180g

*大腸、小腸、ミノ（牛第一胃）、ギアラ（牛第四胃）を合わせたもの。それぞれ3～5cm角に切ったものを仕入れている。

1 牛モツと牛スジは2回茹でこぼす。
2 トリッパと**1**のスジを幅1.5cm、長さ3～4cmに切り揃える。
3 鍋に、**2**と**1**のモツ、たっぷりの水、塩、黒糖を入れて沸かす。浮いたアクと油をひき、ぽこぽこいうくらいの火加減で1時間煮る。その間、浮いたアクと油をこまめにひく。
4 フォン・ド・ヴォーとポートワインを加え、さらに1時間煮る。
5 八丁味噌を適当な大きさにちぎって**4**の鍋に入れ、時々混ぜながら、さらに1時間ほど煮る。前日の残りがあれば加える。モツとスジはこの段階でやわらかすぎると提供前の再加熱で煮崩れてしまうので、ある程度のかたさを残し、火からおろす。
6 小鍋に移し、バター（1皿分約小さじ1）を加えて温め直す。器に盛り、生クリームを少量まわしかけ、イタリアンパセリを飾る。

銀杏と砂ズリのガーリックオイル煮
フリーゴ

銀杏が砂肝のオイル煮を個性的な一品に変える。ぽくぽくした食感とつるんとした丸いフォルムが絶妙なアクセント。

材料 [1皿分]
ギンナン……15個
鶏砂肝……3組
ニンニク（みじん切り）……小さじ1強
パセリ（みじん切り）……適量
オリーブ油、塩、コショウ

1 ギンナンは殻をむく。鶏砂肝は幅5mmに切る。
2 素焼きの土鍋にオリーブ油を多めに入れて熱し、ニンニクと砂肝を入れる。砂肝の色が変わったら、ギンナンを入れ、火が通るまで煮る。塩、コショウで味を調え、パセリをふる。

カネロニ

リンコン カタルーニャ

濃厚な豚の煮込みをラザニアシートで巻き、グラタン風に仕上げた一品。隠し味に加えた鶏レバーが風味を深める。

材料 [1皿分]
豚の煮込み……でき上がりより90g
　豚バラ肉（皮付き）……1kg
　豚ウデ肉……2kg
　合挽き肉……2kg
　鶏レバー……500g
　白ワイン……適量
　ニンニク（みじん切り）……10片
　玉ネギ（みじん切り）……3個
　セロリ（みじん切り）……2本
　ニンジン（みじん切り）……2本
　水……適量
　薄力粉……大さじ10
　牛乳……1.5ℓ
ラザニアシート……1枚
ベシャメルソース（P.223）……適量
ミックスチーズ（シュレッド）……適量
オリーブ油、塩、コショウ

1 豚の煮込みをつくる。
①豚バラ肉、豚ウデ肉、鶏レバーはそれぞれ適当な大きさに切り、塩をふる。
②オリーブ油をひいた鍋で豚バラ肉を焼く。両面に焼き色がついたら取り出し、豚ウデ肉を入れて同様に焼いて取り出す。続けて、合挽き肉と鶏レバーを順に焼いて取り出す。鍋に白ワインを入れ、鍋底についたうまみをこそげ落とす（焼き汁）。
③別の鍋にオリーブ油とニンニクを入れて火にかけ、香りが立ってきたら、玉ネギを加えて飴色になるまで炒める。セロリとニンジンを加えてしんなりするまで炒める。
④③に②の肉類すべてと焼き汁を加え、肉類がかぶるくらいに水を注ぐ。沸騰したらアクを取り除き、弱火で3時間煮る。火からおろす。
⑤④を煮汁ごとフードプロセッサーに移し、粗く挽く。鍋に戻し入れて薄力粉を加え、再び火にかける。粉っぽさがなくなるまでよく混ぜる。
⑥沸騰寸前まで温めた牛乳を加え、木ベラで鍋底をこそげるようにして混ぜ、ごく弱火で1時間煮る。塩、コショウで味を調え、冷ます。
⑦1個45gの団子状にし、冷凍庫で保存する。
2 ラザニアシートを茹で上げる。これを作業台に広げ、半分の大きさに切る。それぞれに解凍した煮込み（団子1個分ずつ）をのせ、つぶすようにして広げ、筒状に巻く。
3 **2**を素焼きの土鍋に並べ、ベシャメルソースを流し、ミックスチーズを散らす。230℃のオーブンで7分焼き、コショウをふる。

目玉のオヤジ

マル2階

肉の食感がしっかり残る、赤ワインのきいたボロネーゼソースの力強い味わい。チーズと卵がクッションに。

材料 [1皿分]
ボロネーゼソース……でき上がりより大さじ3
　合挽き肉……1kg
　ポルチーニ（乾燥）……1kg
　ニンニク（みじん切り）……50～70g
　玉ネギ（みじん切り）……600g
　ニンジン（みじん切り）……400g
　セロリ（みじん切り）……200g
　赤ワイン……750mℓ
　ホールトマト……2kg
　ナツメグ……少々
マッシュルーム（ざく切り）……1個
モッツァレラチーズ（ちぎる）……1/4個
卵……1個
イタリアンパセリ（みじん切り）……適量
オリーブ油、塩、コショウ

1 ボロネーゼソースをつくる。
①ポルチーニは水にひたしてもどし、みじん切りにする。
②オリーブ油をひいたフライパンで合挽き肉を炒め、赤ワインを加えて煮詰める。
③鍋にオリーブ油を熱し、ニンニクを香りが立つまで炒め、玉ネギ、ニンジン、セロリを加え、しんなりするまで炒める。
④③に①、②、ホールトマトを加え、1時間30分～1時間40分煮詰める。ナツメグをふり、塩、コショウで味を調える。
2 器に**1**を盛り、マッシュルームをのせ、縁に沿ってモッツァレラチーズを並べる。中央に卵を割り入れ、電子レンジで約6分20秒加熱する。240℃のオーブンで焼き色をつけ、コショウをふり、イタリアンパセリを散らす。

バレンシアの名声店をモデルに
本場と変わらぬ空間と味を再現

バル デ エスパーニャ ペロ
BAR de ESPANA Pero

東京都中央区銀座6-3-12
☎ 03-5537-6091
http://www.spain-bar.jp/pero

「バル デ エスパーニャ ペロ」は、東京のスペインバルブームの火付け役的な存在だ。経営母体は外食企業の㈱グラナダで、同社は自社ブランドの飲食店を展開する他、スペインの三ツ星レストラン「サン・パウ」など海外ブランドとの業務提携にも取り組んでいる。

コンセプトは「本場スペインのバルスタイルの追求」。モデルとしたのはスペイン・バレンシアの名声店「ノウ・マノリン」で、その再現力はスペイン人が舌を巻くほど。たとえば、カウンターのショーケースはノウ・マノリンのものを採寸して日本のメーカーに特注。また、巨大なパエリア鍋が使えるように現地仕様に近い火口の大きなガス台を設置するなど、厨房設備のディテールにまでこだわった。そのうえで、ショーケースは保冷機能を高めたり、カウンターや椅子の高さを日本人の身丈に合わせるなど機能性や利便性を高める工夫を施している。

料理も本場仕込み。開業にあたっては料理人やサービス担当者などスタッフ数人をノウ・マノリンに派遣し、本場のレシピや営業スタイルを習得。また、サン・パウの仕入れルートを生かし、トップブランドの生ハム、ニョラ（赤ピーマンを乾燥させたもの）、アンチョビなどの魚介の缶詰をはじめ、日本では手に入りにくいスペインの食材を確保し、本場の味を再現している。フードは100品以上。とりわけ充実しているのがタパスと米料理で、それぞれ約30品、約10品を用意する。日本でもポピュラーなパエリアの他、スープたっぷりのカルドソ、リゾットのようにクリーミーなメロッソなど、米料理が多いのはノウ・マノリンの本拠、バレンシア地方の特色だ。

7年目に突入したいま、店はすっかり街に定着し、またほどよくエイジングを重ねている。ペロが醸す空気感は、本場のバルのそれにいっそう近づきつつある。

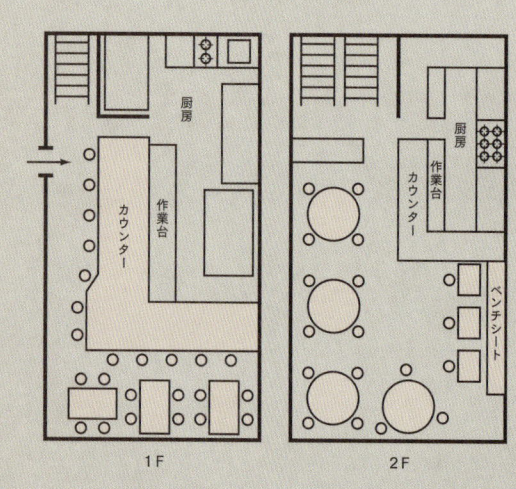

1F　2F

◎営業時間：月曜〜木曜、土曜17時30分〜翌3時（翌2時L.O.）
　　　　　　金曜 17時30分〜翌4時（翌3時L.O.）
　　　　　　日曜・祝日12時〜16時（15時L.O.）、17時〜22時（21時L.O.）
◎定休日：無休
◎店舗規模：45坪45席（テラス席を除く）
◎客単価：4500円
◎フード中心価格帯：700円〜1000円
◎ワイン中心価格帯：グラス700円〜900円、ボトル4000円〜7000円
◎アルコール売上げ比率：50%
◎開業年月：2005年4月

a 1階のメインダイニング。あえてカウンターの奥行きを狭く、客席間もタイトに。従業員とお客、またお客同士の距離を縮め、店の活気づくりにつなげる。**b** グラスを吊るしたり、乾物をぶら下げたり、生ハムを切り分ける作業台として屋台をカウンター内に持ち込んだりと、カウンターまわりを賑やかに演出。**c** 料理は本場志向。その一方で、日本の四季を意識した月替わりのおすすめメニューにも注力している。**d** 2階はテーブル席中心のゆったりとしたつくり。**e・f** ワインはスペイン産が中心。2階の踊り場にセラーを置く。**g** ショーケースは、本場のバルのそれを採寸し、特注したもの。**h** インテリアも大半がスペイン製。ユニークな小物も話のタネに。

超カジュアルからフォーマルまで
シーンで使い分ける2フロア

スペインバル&レストラン バニュルス
Spain Bar & Restaurant Vinuls

東京都中央区銀座2-5-17
☎ 03-3567-4128
http://www.auxamis.com/vinuls

　東京・銀座の一角にある通りに面した2階建ての一軒家。1階の扉は開放され、明かりや賑やかな声がもれ出す。店先に溢れたお客は、酒樽をテーブル代わりに立ち飲みで楽しむ。そんな活気に満ちた光景が、「スペインバル&レストラン バニュルス」の日常だ。経営母体はフランス料理店などを展開しているオザミワールド㈱。バニュルスは同社初のスペイン料理店として2005年8月に開業した。

　店舗規模は2フロア合計で50坪。1階はバル、2階はレストランと、2つの顔を併せ持つのが見どころのひとつだ。メニューは、フランスと国境を接するスペイン・カタルーニャ地方の料理がベース。バルはタパスやピンチョスが中心で、レストランではそれらにグリルや煮込みなどのメイン料理が加わる。

　価格もフロアごとに異なる設定。バルは一部のメニューを除いて300円と500円の均一価格で、使い勝手のよさをアピール。レストランは、タパスなら1階の価格にプラス200円〜300円という設定だが、そのぶん2人以上でシェアできるたっぷりのポーションとしている。

　ワインの品揃えも見どころ。経営母体がワインの輸入販売も手がけるだけあって、その数はリストに載せていない隠し球も合わせ、100銘柄を超える。スペイン産が9割、残りがフランス産で、あらゆるキャラクターのアイテムが揃う。グラスワインも泡3銘柄、赤・白各7〜8銘柄と、選ぶ楽しさがあり、目移りしそうな品揃えだ。

　料理やワインの魅力はもちろん、エネルギッシュな空気感もまたお客を惹き付けるポイント。接客は、底抜けに明るく、フレンドリーに。また、フェアやイベントを月替わりで実施し、フレッシュな話題でお客をのせる。とことん明るく、楽しいのがバル——それがバニュルスのスタンスだ。

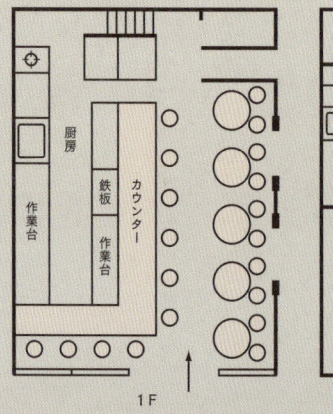

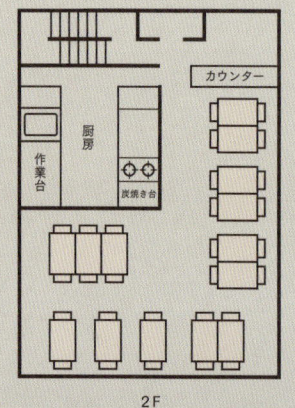

○営業時間:《1階》
　　11時30分〜23時30分 L.O.
　　（土曜・日曜・祝日は〜23時 L.O.）
　《2階》
　　11時30分〜14時 L.O.
　　18時〜22時 L.O.
　　（金曜の夜は〜23時 L.O.、
　　　土曜・日曜・祝日の夜は17時〜22時 L.O.）
○定休日:無休
○店舗規模:50坪48席（立ち飲み、店外の客席を除く）
○客単価:1階3000円、2階5000円
○フード中心価格帯:1階300円〜500円
　　　　　　　　　　2階1000円〜3500円
○ワイン中心価格帯:グラス500円〜800円
　　　　　　　　　　ボトル3000円〜4000円
○アルコール売上げ比率:50%
○開業年月:2005年8月

a カタルーニャ地方の料理がベース。「フランスと国境を接するため、どことなくフランスのテイストが感じられる料理もあります」とシェフの星正人さん。 b ボトルワインは約100銘柄と充実。豚をモチーフにしたオリジナルラベルのアイテムも用意。 c カウンターは、ワインのコルクや木箱の板で、足まわりやテーブルの一部を飾り付けたユニークなデザイン。店内にはリズミカルなラテンミュージックが流れる。 d 約20銘柄をおくグラスワインは、分厚いワインリストのトップページに詳細な説明とともに記載。脚のないカジュアルなグラスで提供する。 e 2階のレストランではアラカルトの他、コース料理も楽しめる。

ディープな飲み屋街になじむ洋風酒場。
カタルーニャ出身者がつくる故郷の味

リンコン カタルーニャ
BAR RESTAURANTE RINCON CATALUNYA

大阪府大阪市都島区東野田町3-6-12
☎ 06-6354-2314

　大阪・京橋、JR高架下の商店街の北端に2009年2月にオープンした「リンコン カタルーニャ」。立ち飲み店など居酒屋が密集する界隈にあって、同店が目指すのも居酒屋感覚の大衆的な店。それゆえ、店名に「バル レスタウランテ」を冠し、食事主体のお客からコーヒー1杯のお客まで、多様な利用動機に応える間口の広さをアピールしている。

　店舗は2フロア構成で、1階はオープンキッチンのカウンターとテーブル、2階は大テーブルを配置。1階の一角にはオーナーの堂後康さんの夫人が営むフラワーショップ「フロリステリア ラ ランブラ」も併設。花屋が軒を連ねるバルセロナのメインストリートをイメージして、華やかな賑わいを演出している。

　料理はカタルーニャで修業を積んだ石橋篤さんと、夫人でカタルーニャ出身のスサーナさんが担当。タパス4品、冷・温前菜7品、肉や魚介のメイン料理6品、米料理3品などの定番に加え、季節の素材などを用いたつくりおきのそうざい4〜5品を日替わりで用意。いずれもスサーナさんの監修のもと、現地そのままの味にこだわっている。

　また、アルコールメニューも現地を意識。シャンパン方式で醸造したカヴァは、辛口のブリュット、補糖せずに極辛口に仕上げたブリュット・ナチュレ、長期熟成のレゼルヴァの3タイプを3800円〜4800円で提供している。いずれも気軽に飲んでほしいとの思いから、グラスでも提供。ビール感覚でのオーダーを推奨している。ワインはスペイン産に絞り込み、提供したい品質、味、価格をインポーターにリクエスト。カジュアルなコンセプトとのバランスを考慮して、ボトルは3000円〜5000円としている。ワインリストは用意せず、堂後さんがお客の好みを会話から引き出して4〜5銘柄を提案。フレンドリーな接客もまた、本場の空気感を醸し出す要素だ。

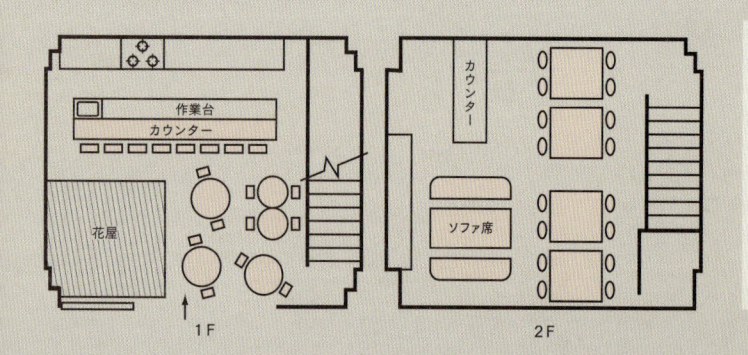

◎営業時間：18時〜翌1時
◎定休日：不定休
◎店舗規模：30坪34席
◎客単価：3500円
◎フード中心価格帯：800円
◎ワイン中心価格帯：グラス500円
　　　　　　　　　ボトル3000円〜5000円
◎アルコール売上げ比率：約30%
◎開業年月：2009年2月

a バルセロナで修業を積んだシェフの石橋篤さんと、夫人でカタルーニャ出身のスサーナさんがつくる料理は、徹底して現地の味にこだわっている。b スペイン産のボトルワインは3000円台を中心に品揃え。カヴァは、ブリュット、ブリュット・ナチュレ、レゼルヴァのバリエーションを揃える。c 昔ながらの商店街の一角、そこだけがスペインの風情を漂わせている。d 装飾品の多くはオーナーの堂後康さんがバルセロナから持ち帰ったもの。e 派手なシャンデリアで、現地のバルのイメージを再現。f 併設のフラワーショップ「フロリステリア ラ ランブラ」がバルセロナのランブラス通りのような賑やかな雰囲気を醸す。g 2階はテーブル席がメイン。2人乗り自転車やサッカー関連のオブジェが印象的だ。

スペインのバル文化の体現に徹した
空間と料理で、幅広い客層を掴む

エル ポニエンテ ゴソ
EL PONIENTE GOZO

大阪府大阪市中央区平野町1-6-11 平一ビルディング1F
☎ 06-6204-6606
http://www.ne.jp/asahi/spain/elponiente/gozo

　大阪・北浜にあるスペイン料理の名声店「エル ポニエンテ」。その支店として2002年2月にオープンしたのが「エル ポニエンテ ゴソ」だ。オーセンティックなレストランの本店に対し、ゴソはオーナーの小西由企夫さんが修業先のスペインで触れたバル文化を、日本にも広めたいとの思いでつくり上げた店。目指したのは、スペインのどこの町にもあって、地域の人の社交場であり、食事の場であり、憩いの場として存在するバルだ。

　小西さんが店づくりにおいて徹しているのは、スペインそのものを体現すること。日本人の発想でアレンジしたり、創作的なオリジナリティを加味するのでなく、スペインの現地スタイルへのこだわりを貫くことで、それを自店の個性として確立しているのだ。

　料理も現地のスタイルに則り、ショーケースに並べたつくりおきのそうざい、鉄板で焼き上げるプランチャ、オイル煮などの土鍋を使った料理、スペイン風ピッツァのコカなど計70品以上の定番に加え、日替わりの季節料理約20品を揃える。多種多様なスペイン各地の郷土料理から、香辛料や素材のクセが強すぎない、日本人が好みそうな品をピックアップしており、いずれも現地の味そのまま。これら幅広い料理の品揃えを目当てに、小皿の酒肴にビールのみで軽く利用する1人客もいれば、グループでボトルワインを開けるお客、しっかりと食事をとる家族連れまで、あらゆる客層が日常使いの場としている。

　開業当時、スペインバルはまだ一般的に認知されておらず、また繁華街からも離れた場所ゆえ、滑り出しは順調とは行かなかった。しかし、1皿300円からのリーズナブルな価格設定や、立ち飲み利用も可能なカジュアルさがじわじわと評判に。現在では大阪を代表するスペインバルとして、不動の人気を博する店となっている。

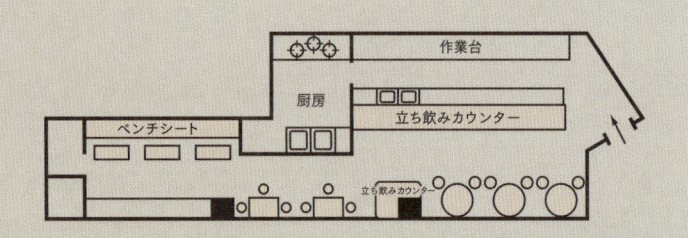

◎営業時間：火曜〜土曜15時〜翌3時（翌2時L.O.）
　　　　　　日曜15時〜翌1時30分（翌1時L.O.）
◎定休日：月曜
◎店舗規模：20坪18席（立ち飲みを除く）
◎客単価：3000円
◎フード中心価格帯：300円〜600円
◎ワイン中心価格帯：グラス300円
　　　　　　　　　　ボトル3000円
◎アルコール売上げ比率：40％
◎開業年月：2002年2月

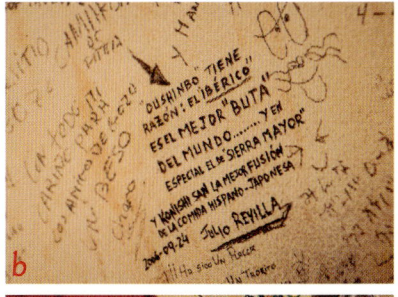

a 細長く奥行きのある店内には、スタンディングのカウンターを設ける。b 創業以来の年季を感じさせる壁面のサインは、オーナーと交流のあるスペイン人らの筆。c 壁にはサッカーのスペイン代表ユニフォームも。d 軽い酒肴からしっかりとした食事やデザートまで、コンビニエントなスペインバルらしい、オールマイティなメニューを豊富に揃える。e 煮込みやマリネなどつくりおきのそうざいやタパスにはPOPを添えて陳列。f カウンターのショーケースには、パエリアやピンチョスなどクイックメニューが並ぶ。g 赤ワインとオレンジジュースなどを合わせた人気メニューのサングリアは、つくって半日ほどおき、味をなじませてから提供する。h ボトルワインはスペイン各地のアイテムが揃う。

8

肉、魚のメインディッシュ

採れたてのお魚とお野菜
たっぷりの炭火焼き

トラットリア・バール イル ギオットーネ

マグロのカマのロースト
エル ポニエンテ ゴソ

塩だらとホワイトアスパラの
サルサヴェルデ
エル プルポ

真いわしの鉄板焼き
エル プルポ

採れたてのお魚と
お野菜たっぷりの炭火焼き
トラットリア・バール イル ギオットーネ

バールだからメインもぱぱっと。ソースは、アンチョビ、ニンニク、ハーブ、ケイパーを加熱するだけ。盛りは豪快に。

材料 [1皿分]
イサキ……半身
椎茸、赤・黄パプリカ、ズッキーニ、ナス、グリーンアスパラガス、トマト、青唐辛子、ヤングコーン、スナップエンドウ、サヤインゲン……各適量
ソース
| ニンニク（スライス）……1片
| フィレアンチョビ（みじん切り）……2枚
| セージ……適量
| ローズマリー……適量
| ケイパー……15粒
| ケイパーの漬け汁*1……少量
| レモン汁……15㎖
| EVオリーブ油……40㎖
ローズマリーのフリット*2……1枝
セージのフリット*2……2枚
塩……魚の重量の1％＋適量
オリーブ油、コショウ
＊1 酢漬けしたケイパー（瓶詰め）の汁。
＊2 160℃の太白ゴマ油で素揚げしたもの

1 イサキは塩（魚の重量の1％）をすり込み、冷蔵庫に半日おく。表面に浮いた水分を拭き取る。
2 椎茸は軸を取り、パプリカ2種、ズッキーニ、ナスはそれぞれ大きめに切る。その他の野菜とともにボウルに入れ、少量のオリーブ油をからめる。
3 1を網にのせ、炭火で両面を焼いて中まで火を通し、半分に切る。2を網にのせ、塩（適量）をふり、それぞれ焼き色がつく程度に炭火で焼く。
4 ソースをつくる。
①フライパンにEVオリーブ油をひき、ニンニクを入れて火にかける。
②香りが立ってきたらニンニクを取り除き、フィレアンチョビを加える。アンチョビがほぐれてきたら、セージ、ローズマリーを加え、火からおろす。ケイパー、ケイパーの漬け汁、レモン汁を加え混ぜる。
5 3のイサキと野菜を皿に盛り、4をまわしかける。ローズマリーのフリットとセージのフリットを飾る。

塩だらとホワイトアスパラの
サルサヴェルデ
エル プルポ

魚介だしとアサリの煮汁、オリーブ油が乳化して、クリームのように濃厚なソースに。イタリアンパセリでさわやかさも。

材料 [1皿分]
塩ダラ*……100g
ホワイトアスパラガス……1本
アサリ……4個
白ワイン……適量
フュメ・ド・ポワソン（P.215）……適量
イタリアンパセリ（みじん切り）……適量
パプリカパウダー……適量
EVオリーブ油、オリーブ油
＊スペイン製の冷凍のもの。

1 塩ダラは水に3日〜1週間ひたして塩抜きする。
2 ホワイトアスパラガスは縦半分に切り、オリーブ油をひいたフライパンでさっと焼く。
3 別のフライパンにオリーブ油をひき、1を皮目から焼き、両面に焼き色をつける。2を加え、230℃のオーブンに移して4分焼き、ホワイトアスパラガスと塩ダラを取り出す。
4 3のフライパンにアサリを入れ、白ワインをふり、蓋をして加熱する。アサリの殻が開いたらフュメ・ド・ポワソンとイタリアンパセリを加え、ホワイトアスパラガスと塩ダラを戻し入れてさっと煮る。
5 器に盛り付け、イタリアンパセリを散らし、パプリカパウダーとEVオリーブ油をふる。中央にイタリアンパセリ（適量、分量外）を飾る。

マグロのカマのロースト
エル ポニエンテ ゴソ

歯ごたえのあるマグロのカマの身をシンプルにロースト。ニンニクとオリーブ油が香ばしく、辛口の白ワインと好相性。

材料［1皿分］
マグロのカマ……1切れ（約200g）
ニンニク（みじん切り）……小さじ1
パセリ（みじん切り）……適量
レモン汁……適量
EVオリーブ油、オリーブ油、塩

1 マグロのカマは流水で洗い、ペーパーで水気を拭き取り、表面にまんべんなく塩をふる。
2 フライパンにオリーブ油を多めに入れ、軽く温める。マグロのカマを入れ、フライパンごと230℃のオーブンで焼く。途中、5分ごとにオーブンから取り出し、フライパンのオリーブ油をスプーンですくってカマの上からかける。これを4～5回繰り返し、オーブンに戻す。芯まで火が通ったら皿に盛る（焼成時間の目安は計15分）。
3 別のフライパンにEVオリーブ油とニンニクを入れ、弱火にかける。ニンニクが色づいてきたら、パセリとレモン汁を加え混ぜ、塩で味を調え、**2**にまわしかける。

真いわしの鉄板焼き
エル プルポ

ニンニクとオリーブの香り立つ洋風の焼き魚。和食の焼き魚と日本酒よろしく、白ワインとのマリアージュを楽しみたい。

材料［1皿分］
真イワシ……2尾
ニンニクのオイル漬け*1……小さじ2
生ハム*2……適量
白ワイン……適量
イタリアンパセリ（みじん切り）……適量
レモン（くし形切り）……適量
EVオリーブ油、オリーブ油、塩、コショウ
*1 ニンニク（みじん切り）をオリーブ油に漬けたもの。
*2 イベリコ・ベジョータの切り落とし肉をきざんだもの。

1 真イワシは頭を落として腹開きにし、中骨を抜く。両面に塩、コショウをふる。
2 フライパンに、ニンニクのオイル漬け、生ハム、白ワイン、EVオリーブ油を入れ、加熱しながら混ぜ合わせてソースとする。
3 別のフライパンにオリーブ油をひき、**1**を皮目から焼く。
4 両面にこんがりと焼き色がついたら皿に盛り、**2**をまわしかける。イタリアンパセリを散らし、レモンを添える。

スズキのソテー リビエラソース
スペインバル＆レストラン バニュルス

サーモンのパリッと焼き、甘酒ソース
キッチン セロ

自家製ローストポークのグリル
バーニャカウダソース
世田谷バル

吉田豚ロース炭火焼き
スペインバル＆レストラン バニュルス

松坂豚の炭火ロースト
エル ブエイ

スズキのソテー リビエラソース
スペインバル&レストラン バニュルス

アーティチョークやキノコなど具だくさんのバターソースは、それだけで煮込み料理のよう。淡白な白身魚によくからむ。

材料[1皿分]
スズキ……130g
リビエラソース
　アーティチョーク(半割にする)……1.5個
　エノキ茸(ほぐす)……30g
　椎茸……30g
　舞茸……30g
　エリンギ……30g
　バター……15g+5g
　エシャロット(みじん切り)……15g
　白ワイン……35㎖
　ケイパー……適量
　鶏のだし(P.216)……70㎖
　トマト*……1/4個
イタリアンパセリ(みじん切り)……適量
オリーブ油、塩、コショウ
*種を取り除き、粗みじん切りにしたもの。

1 リビエラソースをつくる。
①エノキ茸は手でほぐし、その他のキノコは食べやすい大きさに切る。
②フライパンにバター(15g)を溶かし、エシャロットを透き通るまで炒める。①を入れて炒め合わせ、白ワインとケイパーを加え、煮汁が半量になるまで煮詰める。
③鶏のだしとアーティチョークを入れ、再び煮汁が半量になるまで煮詰める。バター(5g)とトマトを加えてざっくりと混ぜ合わせ、塩、コショウで味を調える。
2 スズキは皮に切れ目を2本入れ、両面に塩、コショウをふる。オリーブ油をひいたフライパンで皮目から焼く。途中で返し、両面に焼き色がついたら、火からおろして余熱で芯まで火を通す。
3 皿に**2**をのせ、**1**を盛り付ける。イタリアンパセリを散らす。

サーモンのパリッと焼き、甘酒ソース
キッチン セロ

皮目はぱりぱり、身はしっとりと焼き上げた鮭をほんのり甘いソースで。やさしい風味の国産ロゼワインにもぴったり。

材料[1皿分]
サーモン(切り身)……60g
ディル(長さ5cmに切る)……1本
レモン(スライス)……2枚
甘酒……100㎖
シェリーヴィネガー……適量
カブ(せん切り)……1/2個
ユズの皮(せん切り)……1/6個分
EVオリーブ油……適量
グラニュー糖……少量
塩

1 サーモンは塩とグラニュー糖をまぶし、冷蔵庫に1晩おく。
2 表面に浮いた水分を拭き取り、ディルとEVオリーブ油をまぶし、レモンを皮目にはりつけて冷蔵庫に1晩おく。
3 まわりの材料を拭き取り、サーモンを常温にもどす。
4 ソースをつくる。甘酒をミキサーに入れ、どろどろのペースト状になるまで撹拌し、塩とシェリーヴィネガーで味を調える。
5 カブは塩とシェリーヴィネガーで和え、水気を絞る。
6 熱したフライパンに**3**を皮を下にして入れ、皮目をぱりっと焼きつつ、全体にやわらかく火を入れる。皮から遠い部分は若干レアに仕上げる。
7 皿に**4**を敷き、サーモンを皮を上にして盛り付ける。**5**を添え、その上にユズの皮を散らす。

吉田豚ロース炭火焼き
スペインバル&レストラン バニュルス

肉の本領を知らしめるなら、カットはぶ厚く、調理は焼くだけ。シェリーヴィネガーのソースでちょっとスペインらしく。

材料 [1皿分]
吉田豚ロース肉……220g
菜の花……2本
白インゲン豆の煮込み……でき上がりより100g
　白インゲン豆（乾燥）……500g
　生ハム（みじん切り）……50g
　玉ネギ（みじん切り）……1.5個
　鶏のだし（P.216）……600㎖
　水……適量
ソース……でき上がりより適量
　エシャロット（スライス）……適量
　シェリーヴィネガー……500㎖
　バルサミコ酢……250㎖
　鶏のだし（P.216）……750㎖
　バター……適量
オリーブ油、塩、黒コショウ

1　白インゲン豆の煮込みをつくる。
①白インゲン豆は水に1晩ひたしてもどす。豆はざるにあげて水気を切り、漬け汁は400㎖をとりおく。
②オリーブ油をひいた鍋で生ハムと玉ネギを炒め、玉ネギが透き通ってきたら①を加え、ざっと炒め合わせる。
③鶏のだしと①でとりおいた漬け汁を加え、塩をふる。豆に十分に味がしみるまで蓋をして煮る。
2　吉田豚ロース肉は両面に塩、黒コショウをふり、網にのせて炭火で焼く。両面にしっかりと焼き色をつけ、中はほんのりピンク色の状態に仕上げる。
3　菜の花は塩、黒コショウをふり、網にのせて軽く焼き色がつく程度に炭火で焼く。
4　ソースをつくる。オリーブ油をひいた鍋にエシャロットを入れ、甘みが出るまでじっくりと炒める。シェリーヴィネガーとバルサミコ酢を加え、半量まで煮詰める。鶏のだしを加えて半量まで煮詰め、バターを加え混ぜる。
5　皿に**1**を盛り付け、その上に**2**をのせる。**3**をあしらい、**4**をまわしかける。

自家製ローストポークのグリル バーニャカウダソース
世田谷バル

ポイントは豚肉を玉ネギではさんで焼くこと。甘い香りが移り、食感もしっとり仕上がる。ニンニク風味のソースで。

材料 [つくりやすい分量]
豚肩ロース肉（ブロック）……2.5～3kg
ニンニクのオイル漬け＊……適量
玉ネギ（スライス）……1個
バーニャカウダソース（P.217）……適量
ホウレン草のソテー（P.217）……適量
オリーブ油、塩、砂糖
＊ニンニク（みじん切り）をサラダ油に漬けたもの。

1　豚肩ロース肉は両面に塩、砂糖をすり込み、冷蔵庫に1晩おく。
2　鍋にオリーブ油をひいて火にかけ、**1**を入れ、全体に焼き色をつける。途中でニンニクのオイル漬けを加えて炒め、ニンニクがキツネ色になったら豚肩ロース肉とともに取り出す。
3　**2**の鍋に玉ネギを入れ、底に残った油とうまみを吸わせるように木ベラで底をあたりながら炒める。
4　**3**の玉ネギの半量を取り出し、**2**の豚肩ロース肉を戻し入れ、その上に取り出した玉ネギをのせる。200℃のオーブンで25分～30分焼き、1時間以上休ませる。
5　**4**をスライスして皿に盛り（1皿100g）、バーニャカウダソースとホウレン草のソテーを添える。

松坂豚の炭火ロースト
エル ブエイ

きめ細かい肉質の松坂豚をロゼ色に焼き、ハーブを合わせたサラダを添えて。肉料理なのに軽快な味は、白ワインもOK。

材料 [1皿分]
松坂豚ロース肉……150g
新玉ネギ、ルーコラ、カラシ菜、ニンジン菜……各適量
シェリーヴィネガー……適量
ニンニクマスタード（P.215）……適量
EVオリーブ油、マルドンの塩、塩

1　新玉ネギはスライスし、他の野菜はちぎる。ボウルに入れ、シェリーヴィネガー、EVオリーブ油、塩で和える。
2　松坂豚ロース肉は両面に塩をふり、網にのせて炭火で焼く。全体に焼き色がついたら、250℃のオーブンに移して4分焼く。数分休ませた後、再び網にのせて炭火であぶり、表面をぱりっと仕上げる。
3　**2**を半分に切り、皿に盛り付ける。**1**、ニンニクマスタード、マルドンの塩を添える。

熟成シンタマとハラミの炭火ロースト
エル ブエイ

短角牛のレアステーキ
キッチン セロ

ステーキフリット
カレーとワイン ポール

牛ハツのスモークと葉ニンニクのソテー
日仏食堂 トロワ

シャラン鴨のグリル フォワグラの香り
キューバリブレのソース
ポキート

熟成シンタマとハラミの炭火ロースト
エル ブエイ

脂肪の少ないシンタマ肉は、熟成させてうまみ倍増。食味の違うハラミ肉とともに。豪快に食らい、赤ワインで流したい。

材料［1皿分］
牛シンタマ肉*……100g
牛ハラミ肉……100g
新玉ネギ（スライス）……適量
イタリアンパセリ（みじん切り）……適量
シェリーヴィネガー……適量
ニンニクマスタード（P.215）……適量
赤ワインソース（P.215）……適量
EVオリーブ油、塩
＊内モモの下の方にある脂肪の少ない赤身肉。これを冷蔵庫で20日熟成させたもの。

1 新玉ネギとイタリアンパセリはボウルに入れ、シェリーヴィネガー、EVオリーブ油、塩を加えて和える。
2 牛シンタマ肉と牛ハラミ肉は両面に塩をふり、網にのせて炭火で焼く。全体に焼き色がついたら、250℃のオーブンに移して4分焼く。数分休ませた後、再び網にのせて炭火であぶり、表面をぱりっと仕上げる。
3 **2**をそれぞれ半分に切り、皿に盛り付ける。**1**とニンニクマスタード、赤ワインソースを添える。

ステーキフリット
カレーとワイン ポール

ポテトの山にのしかかる250gの牛カイノミのステーキ。脂肪少なめの赤身に近い部位で、うまみの濃い肉汁がしたたる。

材料［1皿分］
牛カイノミ肉*……250g
フライドポテト（冷凍）……250g
イタリアンパセリ（みじん切り）……適量
マスタード……適量
オリーブ油、ラード、塩、コショウ
＊ヒレ近くのバラ肉。

1 牛カイノミ肉は、両面に塩、コショウをふる。オリーブ油をひいたフライパンに入れ、強火で両面に焼き色をつける。
2 **1**を250℃のオーブンで5分焼く。常温に5分おき、食べやすい大きさに切る。
3 フライドポテトは180℃のラードで5分揚げる。
4 皿に**3**を盛り付け、その上に**2**をのせる。イタリアンパセリを散らし、マスタードを添える。

短角牛のレアステーキ
キッチン セロ

赤身の牛肉のうまみを"叩き"感覚で味わう一皿。ソース代わりにトマトの味噌漬けと和風の薬味を添え、食後感は軽やか。

材料［1皿分］
短角牛*1……100g
味噌床
　田舎味噌……約100g
　三温糖……適量
フルーツトマト……1個
粟國の塩（あぐにのしお）*2……適量
ユズコショウ……適量
唐辛*3……適量
塩、コショウ
＊1 部位は日によって異なる。写真はシンタマ。
＊2「沖縄ミネラル研究所」による、天日乾燥させた海水塩。
＊3「こうじ屋 田中商店」による、麹に赤唐辛子と醤油を加えて発酵させた調味料。

1 味噌床をつくる。
①田舎味噌を鍋に入れて火にかけ、水分を飛ばしながら三温糖を加える。味見をして甘みを確認しつつ、少しずつ足して混ぜること。
②適度な味になったところで火からおろし、冷ます。
2 フルーツトマトを湯むきして半分に切り、**1**の味噌床に埋め、3時間おく。取り出した後は温かい場所に置く。
3 牛肉は温かい場所に置き、芯の部分まで常温にもどす。塩、コショウをふる。
4 フライパンを熱々に熱し、**3**の牛肉の表面に焼き色をつける。全体に焼き色がついたら火からおろし、余熱で火を通し、中はレアに仕上げる。
5 **4**を厚さ1cmほどにスライスし、トマトとともに皿に盛る。粟國の塩、ユズコショウ、唐辛を添え、皿の余白にコショウをふる。

牛ハツのスモークと葉ニンニクのソテー
【日仏食堂 トロワ】

どっしりとした赤を合わせたい、たくましい内臓料理。牛ハツはほどよい歯ごたえで、スモーキーな香りが余韻に残る。

材料［12皿分］
牛ハツ……1.5kg
葉ニンニク……24本
椎茸……24個
A
| 玉ネギ（スライス）……1/2個
| セロリ（スライス）……1本
| 粗塩……40g
B
| オニオンパウダー……4g
| ガーリックパウダー……1g
スモークウッド……適量
エシャロット（みじん切り）……適量
バルサミコ酢*……適量
EVオリーブ油、オリーブ油、塩、黒コショウ
*適度に濃度が出るまで煮詰めたもの。

1 牛ハツはスジや余分な脂を取り除き、流水でよく洗う。水気を拭いてバットに入れ、**A**の材料と黒コショウを加えて冷蔵庫に2晩おいてなじませる。
2 ボウルに**1**の牛ハツを入れ、流水で3〜4時間塩抜きする。水気を拭き、**B**の材料と黒コショウをふる。冷蔵庫の風通しのよいところに1晩おき、乾燥させる。
3 **2**をスモークウッドで1時間程度冷燻にする。
4 **3**、葉ニンニク、椎茸をそれぞれ適当な大きさに切り、オリーブ油を熱したフライパンで炒める。塩で味を調え、皿に盛り付ける。
5 エシャロットを散らし、バルサミコ酢とEVオリーブ油をまわしかける。

シャラン鴨のグリル フォワグラの香り キューバリブレのソース
【ポキート】

キューバンカクテルを模したソース、そしてフォワグラの冷凍テリーヌが、鴨肉をコンテンポラリーな一皿に変える。

材料［1皿分］
鴨胸肉……100g
鴨フォワグラの冷凍テリーヌ（P.222）……適量
キューバリブレのソース
| コーラ……190㎖
| ラム酒（ダーク）……30㎖
| 塩……少量
ヤングコーン（皮付き）……1本
サラダゴボウ（斜めに切る）……1片
紫イモ（厚めの輪切り）……1枚
菊イモ……1/4個
葉玉ネギ（くし形切り）……1/8個
畑シメジ……1本
スモーク塩*1……適量
ミックスペッパー*2……適量
EVオリーブ油、塩、コショウ
*1 結晶の粗い海塩をスモークしたもの。
*2 緑・白・黒コショウとピンクペッパーを混ぜたもの。

1 キューバリブレのソースをつくる。コーラをとろりとするまで煮詰め、ラム酒を加えてアルコール分を飛ばし、塩で味を調える。
2 ヤングコーン、サラダゴボウ、紫イモ、菊イモは、すべて皮付きのまま茹でた後、グリルする。葉玉ネギは、畑シメジとともにグリルする。
3 鴨胸肉に塩、コショウをふり、グリルする。
4 **3**を大ぶりに切り分け、**2**とともに皿に盛る。**1**のソースを流し、鴨フォワグラの冷凍テリーヌを薄く削って散らす。スモーク塩をふり、ミックスペッパーを挽き、付け合わせにはEVオリーブ油をまわしかける。

骨付き仔羊のソテー カチャトーラ風
イタリアン バール ラ ヴィオラ

乳飲み仔羊 唐辛子風味のチーズ焼き
ポキート

アフリカンラムチョップ
マル2階

骨付き焼き鶏
リンコン カタルーニャ

スペアリブのコンフィ
粒マスタードソース
フリーゴ

骨付き仔羊のソテー カチャトーラ風
イタリアン バール ラ ヴィオラ

スパイシーに焼いた仔羊と、焼き汁を生かしたトマトソース。メインだけどバルメニュー。手づかみで気軽に食べたい。

材料［1皿分］
仔羊背肉（骨付き）……1本
ローズマリー（みじん切り）……2つまみ
ナツメグ……1つまみ
ニンニク（すりおろす）……適量
白ワイン……30㎖
グラス・ド・ビアンド*……10㎖
トマトソース（P.214）……30g
無塩バター……20g
イタリアンパセリ……1枝
オリーブ油、塩
*フォン・ド・ヴォーを煮詰めたもの。

1 仔羊背肉は、ローズマリーの半量とナツメグ、ニンニクをすり込み、冷蔵庫に1日おく。
2 1に塩をふり、オリーブ油をひいたフライパンで両面にこんがりと焼き色をつける。白ワインを加え、アルコール分を飛ばす。グラス・ド・ビアンド、トマトソース、残りのローズマリー、無塩バターを混ぜてソースとし、肉とともに軽く煮る。
3 皿に2をソースごと盛り、イタリアンパセリを飾る。

アフリカンラムチョップ
マル2階

トマトとスパイスのきいた南米風の味つけがやみつきに。しっとりレアに焼き上げ、ラムのうまみも堪能させる。

材料［1皿分］
仔羊背肉（骨付き）……3本
マリネ液（P.222）……適量
ニンニク（みじん切り）……20g
玉ネギ（みじん切り）……1/2個
赤・黄パプリカ（みじん切り）……各1/2個
クスクス（熱湯をかける）……200g
コリアンダー（みじん切り）……30g
レモン（くし形切り）……適量
オリーブ油、塩、コショウ

1 仔羊背肉は、塩、コショウをふり、マリネ液に2～3日漬け込む。
2 1のラム肉を網にのせて炭火で焼き、両面にしっかりと焼き色をつける。火からおろし、余熱で火を通す。
3 オリーブ油を熱した鍋でニンニクを炒め、香りが立ったら玉ネギ、パプリカ2種を加える。しんなりしたらクスクスを炒め合わせ、コリアンダーを混ぜる。
4 皿に2と3を盛り付け、レモンを添える。

乳飲み仔羊 唐辛子風味のチーズ焼き
ポキート

仔羊肉に糸唐辛子をこんもりのせて、バルらしく軽快にアレンジ。肉にのせた羊乳チーズも唐辛子入りだ。

材料［1皿分］
乳飲み仔羊のモモ肉……150g
小麦粉……少量
白ワイン……150㎖
唐辛子入りのペコリーノチーズ（スライス）……20g
ローズマリー……5枝
タイム……5枝
付け合わせ野菜
　ワラビ（茹でる）……3本
　コゴミ（茹でる）……2本
　タラの芽（茹でる）……1個
　ノビル（ソテーする）……1本
　空豆（グリルする）……1さや
　アスパラソバージュ（茹でる）……3本
　ミョウガタケ（茹でる）……1本
　間引きニンジン（茎付き、茹でる）……1本
唐辛子入りの塩*1……適量
ミックスペッパー*2……適量
糸唐辛子……適量
EVオリーブ油、オリーブ油、塩、コショウ
*1 結晶の粗い海塩にフレーク状の唐辛子を混ぜて香りを移したもの。スペイン製。
*2 緑・白・黒コショウとピンクペッパーを混ぜたもの。

1 乳飲み仔羊のモモ肉に塩、コショウをふり、小麦粉を薄くまぶす。
2 鍋にオリーブ油をひき、1の表面を焼きかためる。白ワインを加えてアルコール分を飛ばし、水を少量加えて肉に火を通し、中心をピンク色に仕上げる。煮汁はとりおく。
3 ローズマリーとタイムは、低温のオリーブ油で軽く火を通して香りを引き出す。
4 3のハーブをパエリア鍋に敷く。仔羊肉を半分に切り、切り口を上にしてハーブの上に盛り、2の煮汁（大さじ3）をかける。
5 肉の上に唐辛子入りのペコリーノチーズをのせ、まわりに付け合わせ野菜を盛る。200℃のオーブンでチーズが溶けるまで焼く。
6 仕上げに唐辛子入りの塩をふり、ミックスペッパーを挽き、EVオリーブ油をまわしかける。肉の上に糸唐辛子をのせる。

骨付き焼き鶏
リンコン カタルーニャ

鶏肉はじっくりとオイル煮してからオーブン焼きに。身ばなれのよいやわらかな肉質とボリュームが印象的。

材料［つくりやすい分量］
鶏モモ肉（骨付き）……15本
白ワイン……100mℓ＋適量
白ワインヴィネガー……100mℓ
ハチミツ……適量
パプリカパウダー……大さじ2～3
ニンニク（すりおろす）……2片
オレガノ……大さじ5～6
ソース……でき上がりより適量
　ピーマン……8個
　ニンニク……1片
　イタリアンパセリ……適量
　タイム……適量
　カイエンペッパー……適量
　白ワインヴィネガー……100mℓ
　レモン汁……100mℓ
　EVオリーブ油……200mℓ
　塩、コショウ
揚げたジャガイモ＊……適量
オリーブ油、塩、コショウ
＊ジャガイモ（メークイン）を皮付きのままスライスし、180℃のサラダ油で揚げたもの。

1 鶏モモ肉は塩、コショウをふり、天板に並べて280℃のオーブンで15分焼く。焼き上げた鶏肉を取り出し、天板に白ワイン（適量）を入れ、こびりついたうまみをこそげ取る（焼き汁）。
2 鍋に、白ワイン（100mℓ）、白ワインヴィネガー、ハチミツ、パプリカパウダー、ニンニク、オレガノを入れて火にかけ、沸騰したら鍋の中の液体と同量のオリーブ油を加える。
3 2の鍋に1の鶏肉と焼き汁を加え、弱火で20分ほど煮る。煮汁にひたしたまま冷まし、冷蔵庫に1晩おく。
4 ソースをつくる。ピーマンはヘタを落として種を取り、適当な大きさに切る。これと、その他の材料をミキサーに入れ、なめらかになるまで撹拌する。器に盛り付ける。
5 3の鶏肉を230℃のオーブンで皮に焼き色がつくまで焼く。
6 皿に揚げたジャガイモを並べ、その上に焼き汁ごと5を盛り（1皿2本）、4を添える。

スペアリブのコンフィ 粒マスタードソース
フリーゴ

中はしっとりジューシー、表面はがりっ。肉のコンフィはその落差がポイントだ。仕上げの"焼き"は躊躇なく。

材料［1皿分］
スペアリブのコンフィ……でき上がりより4～5個
　豚スペアリブ（ぶつ切り）……2kg
　ニンニク（スライス）……1片
　ローズマリー……3枝
　タイム……3枝
　塩……20g
　オリーブ油……適量
ソース
　赤・黄プチトマト……各4個
　フォン・ド・ヴォー……15mℓ
　粒マスタード……大さじ1/2
　水……少量
万願寺唐辛子……2本
ジャガイモ（素揚げ）……小2個
イタリアンパセリ（きざむ）……適量
塩、ピンクペッパー

1 スペアリブのコンフィをつくる。
①豚スペアリブはニンニク、ローズマリー、タイム、塩をすり込み、冷蔵庫に1晩おく。
②①を水で洗い、水気を拭き取る。
③鍋に②を入れ、オリーブ油をかぶるくらいに注ぐ。低温のオーブンに入れ、油を70℃に保って肉がやわらかくなるまで火を通す。粗熱をとり、油から引き上げて冷蔵庫で保存する。
2 コンフィにしたスペアリブと万願寺唐辛子をフライパンで香ばしく焼く。
3 ソースをつくる。鍋にプチトマト2種、フォン・ド・ヴォー、粒マスタード、水を加えて火にかける。プチトマトに火が通り、汁がとろりと煮詰まったら、火からおろす。
4 2を器に盛り、素揚げして塩をふったジャガイモを一口大に切って盛り合わせる。3のソースをまわしかけ、ピンクペッパーを挽き、イタリアンパセリを散らす。

和牛タンの煮込み
マルサラワインソース

フリーゴ

ウサギの煮込み

リンコン カタルーニャ

仔羊と夏野菜の煮込みとクスクス

日仏食堂 トロワ

和牛タンの煮込み マルサラワインソース
フリーゴ

ほろほろにやわらかく煮込んだ牛タンをシチリア産甘口ワインのソースで。キノコの味がたっぷり溶け出している。

材料［1皿分］
下煮した和牛タン先とタン下*1（厚切り）…… 4枚
ニンジン（牛タン下茹で時のもの*1、厚い輪切り）…… 2枚
好みのキノコ（3～4種類*2）…… 1つかみ
マルサラ酒*3 …… 30㎖
ブランデー …… 30㎖
フォン・ド・ヴォー …… 15㎖
バター …… 小さじ1
イタリアンパセリ（きざむ）…… 適量
オリーブ油、塩、コショウ

*1 和牛タン先とタン下を香味野菜（ニンジン、玉ネギ、セロリ、ローリエ各適量）とともに、たっぷりの水で串がすっと通るまでやわらかく煮込む。ニンジンは付け合わせに使うのでとっておく。
*2 ここでは椎茸、舞茸、シメジ、白シメジを使用。
*3 イタリア・シチリア産の酒精強化ワイン。甘口。

1 各種キノコは食べやすい大きさに切ったり、ほぐしたりする。
2 下煮した和牛タン先とタン下、下煮時に使ったニンジンを鍋に入れ、煮汁を適量注いで煮返す。
3 別の鍋にオリーブ油をひき、1を炒める。くたっとしたらマルサラ酒とブランデーを加え、アルコール分を飛ばす。フォン・ド・ヴォーを加えてしばらく煮込み、バターでとろみをつけ、塩、コショウで味を調える。
4 2のタン先とタン下、ニンジンを3の鍋に入れ、煮返してソースの味をなじませる。皿に盛り、コショウを挽き、イタリアンパセリを散らす。

ウサギの煮込み
リンコン カタルーニャ

カタルーニャ地方の定番料理。赤ピーマンの甘みと香りが際立つ。パンと生クリームでつくったガレットとともに。

材料［1皿分］
ウサギの煮込み …… でき上がりより
　　　　　　　　　ウサギ肉1枚＆煮汁適量
｜ウサギモモ肉 …… 10枚
｜薄力粉 …… 適量
｜ニンニク（スライス）…… 6片
｜玉ネギ（みじん切り）…… 3個
｜赤パプリカ（粗みじん切り）…… 3個
｜ピメントピキージョ*1 …… 510g
｜白ワイン …… 400㎖
｜生ハム（きざむ）…… 100g
｜ローリエ …… 2枚
｜水 …… 適量
パンのガレット（P.223）…… 1枚
揚げた青唐辛子*2 …… 2本
EVオリーブ油、オリーブ油、サラダ油、塩、コショウ

*1 赤ピーマンの缶詰。スペイン製。
*2 青唐辛子を180℃のサラダ油で素揚げしたもの。

1 ウサギの煮込みをつくる。
①ウサギモモ肉は、塩、コショウをふり、薄力粉をまぶす。オリーブ油をひいたフライパンで焼き、両面に焼き色をつける。
②鍋にオリーブ油とニンニクを入れて火にかけ、香りが立ってきたら玉ネギを加え、玉ネギがキツネ色になるまで炒める。赤パプリカを加え、さらに炒める。
③②にピメントピキージョを加えて炒め合わせ、白ワインを入れ、アルコール分を飛ばす。①、生ハム、ローリエを入れ、ウサギ肉がかぶるくらいに水を加えて約1時間煮る。
④ウサギ肉を取り出し、煮汁は半量まで煮詰め、ハンドミキサーでピュレ状になるまで撹拌する。ウサギ肉を戻し入れ、ひと煮立ちさせ、煮汁ごと冷ます。冷蔵庫に1晩おく。
2 鍋に1のウサギ肉と煮汁を入れて火にかけ、温める。
3 皿にパンのガレットをのせ、その上に2と揚げた青唐辛子を盛り付け、EVオリーブ油をまわしかける。

仔羊と夏野菜の煮込みとクスクス
日仏食堂 トロワ

しっかりと下味をつけた仔羊肉は、臭みがなく、やわらかい。
軽やかでスパイシーなトマトソースで夏らしく。

材料 [1皿分]
◎仔羊の煮込み
　　……でき上がりより仔羊150g＆煮汁200ml
仔羊ウデ肉…… 1kg
マリネ用
　玉ネギ（ざく切り）…… 1個
　エシャロット（ざく切り）…… 1個
　ニンジン（ざく切り）…… 1個
　セロリ（ざく切り）…… 2本
　ニンニク…… 4片
　赤唐辛子…… 1本
　タイム…… 1枝
　ローズマリー…… 1枝
　ローリエ…… 1枚
　クミンシード…… 2g
　コリアンダーシード…… 10粒
　カルダモンシード…… 3粒
　粒黒コショウ…… 5粒
強力粉…… 適量
白ワイン…… 50ml
A
　フォン・ブラン（P.218）…… 1ℓ
　フォン・ド・ヴォー（P.218）…… 200ml
　ホールトマト…… 200g
水…… 適量
塩…… 15g＋適量
オリーブ油

◎クスクス
クスクス…… 130g
フォン・ブラン（P.218）…… 50ml
水…… 200ml
塩

◎仕上げ用
夏野菜の煮込み（P.219）…… 150g
ガラムマサラ…… 適量
カイエンペッパー…… 適量
アリッサ*…… 適量
塩
*赤唐辛子をベースにした辛味調味料。

1　仔羊の煮込みをつくる。
①仔羊ウデ肉は血や余分な脂を取り除き、スジに沿って3等分に切り、塩（15g）をすり込んで2時間おく。表面に浮いた水分を拭き取る。
②マリネ用の材料を混ぜ、これに①を1〜2晩漬ける。仔羊肉、香辛料、野菜に分け、それぞれとりおく。
③②の仔羊肉に強力粉をふり、オリーブ油を熱したフライパンで焼き色をつける。
④別のフライパンにオリーブ油をひき、②の野菜を炒める。
⑤鍋に白ワインを入れてひと煮立ちさせ、Aの材料と③の仔羊肉を加える。肉がかぶるほど煮汁のかさがなければ、水を加えて調整する。
⑥沸騰したら浮いたアクと油を取り除き、②の香辛料、④、塩（適量）を加え、弱火で1時間30分〜2時間煮る。途中、浮いたアクと油をこまめに取り除く。煮汁ごと冷ます。
⑦仔羊肉はラップフィルムで巻き、煮汁は漉して保存する。
2　クスクスを準備する。鍋にフォン・ブラン、水、塩を入れて火にかけ、沸騰したらクスクスを加えて蓋をし、火をとめて温かい場所に置く。
3　仕上げる。
①1の仔羊肉を一口大に切り、煮汁とともに鍋に入れ、火にかける。沸騰したらアクをひき、蓋をして弱火で軽く煮る。夏野菜の煮込み、ガラムマサラ、カイエンペッパーを加えて混ぜ合わせ、塩で味を調える。
②2と①をそれぞれ皿に盛り、アリッサを添える。

エレガントな空間をカジュアルに、
自由に使う、銀座老舗の新機軸

イタリアンバール ラ ヴィオラ
Italian Bar LA VIOLA

東京都中央区銀座5-5-17 並木通り 三笠会館本店1F
☎ 03-3289-5673
http://www.mikasakaikan.co.jp

　東京・銀座のど真ん中。大理石の長いカウンター、高い吹き抜け、ダークブラウンの木目に漆黒の革張りのシート――「イタリアンバール ラ ヴィオラ」のエレガントなルックスは街の景観にぴたりとはまる。経営母体は大正14年に銀座で創業した㈱三笠会館。その本店1階に2005年10月に開業したラ ヴィオラは、老舗の伝統を受け継ぎ、堂々とたたずんでいる。とはいえ、決して敷居の高い店ではない。夜ごと目にするのは、ワインを片手に立ち話で盛り上がる人々の姿だ。

　店内はイタリア・フィレンツェをイメージしたデザインで、スタンディングの「バンコ」と、客席を配した「サロン」の2つのエリアで構成する。メニューは両エリア共通だが、バンコはグラスワイン500円から、フード350円から、サロンはそれぞれバンコの200円増し程度の設定。カジュアルに楽しめるバンコ、ゆったりとくつろげるサロンと、機能を明確にしている。

　フリット、トリッパの煮込み、仔羊のソテーなどメニューにはクラシックなイタリア料理が並ぶが、いずれも「気軽なつまみ」をイメージして小皿や、メインの一品であれば小ポーションで提供するのが特徴。品数は月替わりのおすすめを含め約30品で、中には思わずにやりとしてしまう一品もある。三笠会館が昭和初期に売り出した名物の鶏の唐揚げがそのひとつで、レシピはもちろん、練りからしを添える提供法まで当時のまま。「イタリアンじゃない？　細かい話は抜きにして楽しもうよ」、そんなつくり手の思いがますますお客の気持ちをときほぐしていく。

　昼から通し営業している点も見どころのひとつ。パスタやパニーノでランチ、またケーキをオーダーしてカフェタイムをすごすお客もいる。どんな時間でも受け入れてくれる、そんな懐の広さも魅力だ。

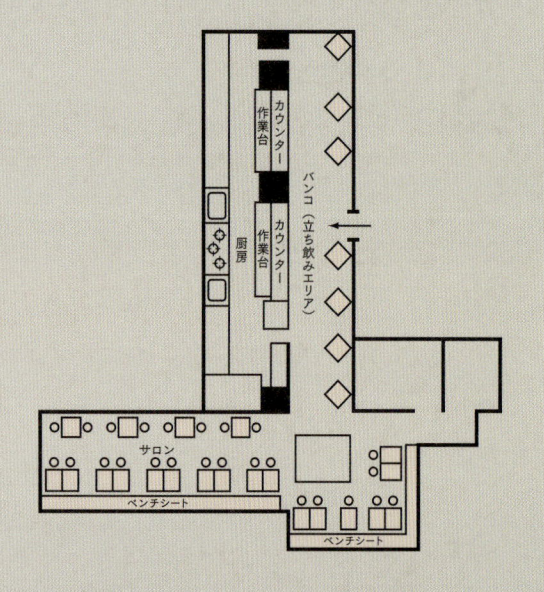

◎営業時間：11時～23時（22時30分 L.O.）
◎定休日：無休
◎店舗規模：42坪（バンコ*10坪、サロン*15坪42席）
◎客単価：3000円
◎フード中心価格帯：バンコ600円（サロンは＋200円前後）
◎ワイン中心価格帯：グラス500円～1000円
　　　　　　　　　　ボトル2800円～6000円
◎アルコール売上げ比率：30%（ディナー50%）
◎開業年月：2005年10月
＊バンコは立ち飲み、サロンは着席エリア。

a 立ち飲みエリアの「バンコ」。大理石のカウンター、幾何学模様のタイル、きらびやかなシャンデリアがモダンでエレガントな印象を与える。 b クラシックなイタリア料理が軸だが、鶏の唐揚げやランチメニューのインドカレーなど、三笠会館が創業初期から大事にしてきた名物料理も提供。 c 「サロン」もハイエンドな設え。鰻の寝床のようなスペースだが、全面ガラス張りのデザインで広々と見せる。 d ボトルワインはイタリア産のみ約100銘柄を用意。 e グラスワインは黒板にリストを表示し、12銘柄前後を提供。月に2回、8銘柄を入れ替える。 f 吹き抜けで開放的なバンコがお客を迎える。 g 柱型のショーケースには簡単なつまみやパニーノなどをスタンバイ。

イタリアの郷土料理からアイデアフルな
創作料理まで。柔軟な姿勢で地域に密着

バール タッチョモ
Bar Tacciomo

東京都杉並区高円寺北2-2-12 シャルマンハイム平野1F
☎ 03-3339-7319
http://tacciomo.blog97.fc2.com

　「自由で便利」——「バール タッチョモ」は、そんな言葉がぴったりな店だ。

　フードはイタリアンがベースで約20品。イタリア・ピエモンテとフィレンツェで料理修業したシェフ兼店長の秋元貴明さんが腕をふるい、ベーシックなイタリア料理から、生地から手づくりするラヴィオリや仔羊の煮込みなど郷土色の強いメニューまで用意する。

　その一方で、カプレーゼを焼いた「ヤキレーゼ」やトマトパスタをホワイトソースにつけて食べる「トマトパスタ つけ麺風」などの創作料理があったり、沖縄特産の宮古牛や島ラッキョウを使ったメニューがあったりと、商品構成はユーモアたっぷり。アルコールもワインを主力としつつ、カクテル類から焼酎、泡盛までとバラエティに富んだ品揃えだ。

　価格設定も特徴的で、フードの大半が500円のワンコインメニュー。これは明朗会計を意図した設定だが、「安かろう……」とあなどるなかれ。本書で紹介しているウサギの煮込みや、たっぷり盛り付けたローストポークなどお値打ち品揃いだ。パスタやメインの肉料理など1000円前後のメニューもあるが、こちらも品質とボリュームでバリューを打ち出している。

　店内はカウンター席とテーブル席で構成。カウンター席は、もとは立ち飲み専用だったのだが、腰を落ち着かせてくつろぎたいとのお客の声を受け、椅子を置くようになった。飲食店など夜の商売も多い街のニーズに合わせ、営業時間を翌3時まで拡大し、前述のパスタのつけ麺など常連客との会話をきっかけに新商品も生まれている。開業から4年、「街の人たちと一緒にブラッシュアップしていきたい」（秋元さん）と、地域密着にとことん徹してきた結果だ。来店客に占める地元客の割合は8割超。高円寺周辺を根城とする人たちのハートをがっちりと掴んでいる。

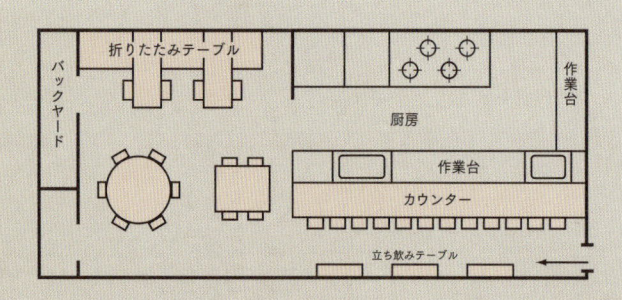

◎営業時間：17時〜翌3時
◎定休日：水曜
◎店舗規模：12坪 26席（立ち飲み、店外の客席を除く）
◎客単価：3800円
◎フード中心価格帯：500円〜800円
◎ワイン中心価格帯：グラス500円〜800円
　　　　　　　　　　ボトル3000円〜4000円
◎アルコール売上げ比率：60%
◎開業年月：2007年4月

a 店内は木目とベージュを基調とするデザイン。オープン当初、カウンターは立ち飲み席としていた。壁に取り付けられた小テーブルはその名残り。b メニューはイタリア料理がベース。500円メニューを豊富に揃え、使いやすさを訴求する。c 店内奥にはテーブル席を用意。d 壁際の箱は、蓋を開けるとテーブルになる仕掛け。スタッフのお手製だ。e ワインはイタリア産を中心とするラインアップ。赤・白合わせてボトルで50〜60銘柄を用意する。f 壁に貼り付けた大きな黒板にはグランドメニュー、その下にぶら下がる小さな黒板にはおすすめメニューを記載。g 店外にある酒樽は、クロスをかけて客席として使うこともある。

リストランテで培ったアイデアと技術を、
メニューと店舗設計に継承

トラットリア・バール イルギオットーネ
trattoria bar IL GHIOTTONE

京都府京都市下京区綾小路烏丸西入ル童侍者町159-1
四条烏丸センタービル1F
☎ 075-344-4711
http://www.tb-ilghiottone.com

　京都・四条、夜は暗がりのオフィス街。そんな一角にともるオレンジ色の灯りを、毎夜、多くのお客が目指す。目的は、京都を代表するイタリア料理の雄、笹島保弘さんの新コンセプト店「トラットリア・バール イル ギオットーネ」だ。同店は笹島さんにとっての原点回帰。イタリアのバールでカジュアルかつ奥の深い食文化に触れ、料理の道を志すようになったという笹島さんが、自身のルーツを表現する店として長年温め続けたコンセプトだ。

　ゆえに店づくりは本場のノリ。店内は床にテラコッタを張り巡らせ、活気あるオープンキッチンのカウンター席をメインにデザイン。メニューは、素材のパワーを見せつけるような、シンプルな調理、大胆な盛り付けの料理を中心に約60品を揃える。つまみ的な小皿料理は300円からだが、一品料理やパスタは数人でのシェアを想定したたっぷりの盛りで、中心価格帯は1500円～2200円としている。

　そうしたバールの王道を行く店づくりをしつつ、シェフならではのエッセンスが随所に散りばめられている。まずはなんといっても料理。"京野菜"など自身の得意を謳うことはしないが、たとえばタコの下茹でにカモミールを使ったり、ピーマンのマリネに焼いたピーマンの焼き汁まで余さず使うなど、独特な素材の組合せや高度なテクニックで、なじみのあるつまみも個性際立つ一品に変えている。

　もうひとつは厨房設計。クリーンなドライ厨房、調理機器類はオール電化を採用した。衛生面への配慮はもちろん、従業員にとって機能的で快適な空間を目指したためだ。

　実は、同店は料理人の修業の場とも位置づけられている。「価格の縛りが強いバールで、満足度の高い料理を出すには、食材を上手に使いまわすなどフレキシブルな発想とテクニックが必要。料理人が腕を磨くのにうってつけの場なんです」と笹島さんは語っている。

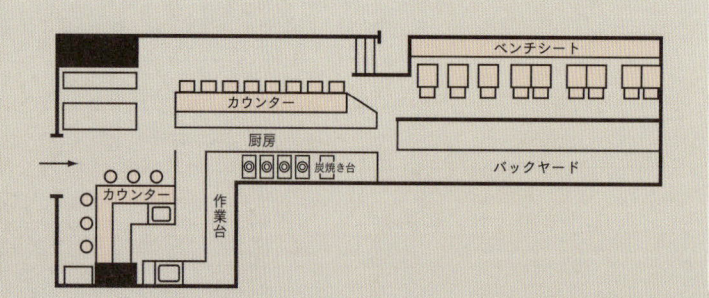

◎営業時間：月曜～金曜11時30分～15時30分
　　　　　　　　　　　　　　　　　(15時L.O.)
　　　　　　　18時～翌0時
　　　　　土曜・日曜・祝日11時～17時(16時L.O.)
　　　　　　　18時～23時
　　　　　　　　　　　　　　　(土曜は～翌0時)
◎定休日：不定休
◎店舗規模：30坪32席
◎客単価：4000円
◎フード中心価格帯：1500円～2200円
◎ワイン中心価格帯：グラス600円～800円
　　　　　　　　　　ボトル3000円～4000円
◎アルコール売上げ比率：20%
◎開業年月：2010年6月

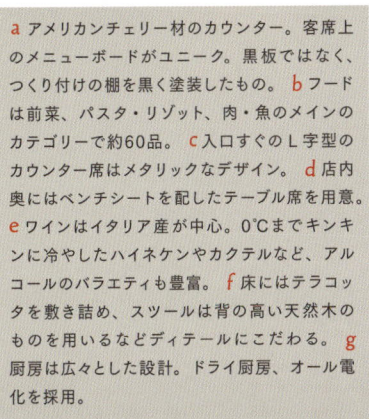

a アメリカンチェリー材のカウンター。客席上のメニューボードがユニーク。黒板ではなく、つくり付けの棚を黒く塗装したもの。b フードは前菜、パスタ・リゾット、肉・魚のメインのカテゴリーで約60品。c 入口すぐのL字型のカウンター席はメタリックなデザイン。d 店内奥にはベンチシートを配したテーブル席を用意。e ワインはイタリア産が中心。0℃までキンキンに冷やしたハイネケンやカクテルなど、アルコールのバラエティも豊富。f 床にはテラコッタを敷き詰め、スツールは背の高い天然木のものを用いるなどディテールにこだわる。g 厨房は広々とした設計。ドライ厨房、オール電化を採用。

ヴェネツィアの立ち飲み文化を表現。
ピッツァまで"本気"の実力店

イル ランポ
IL LAMPO

京都府京都市中京区河原町通三条上ル
2筋目東入ル恵比須町534-29
☎ 075-212-8525

　イタリア・ヴェネツィアには「バーカロ」という居酒屋文化がある。入口近くに立ち飲みスペース、その奥にテーブル席を配した店舗設計で、立ち飲みの方がリーズナブルに楽しめる。「チケーティ」と呼ばれるスペインでいう「ピンチョス」のような一口つまみがあるのも特徴。「イル ランポ」の店づくりは、そんなバーカロ文化を踏襲したものだ。

　スタンディングとテーブルに空間を分割するのはもちろん、天井にはアーチ状にレンガを張り巡らせ、ライトにはヴェネツィア製のレースのシェードを被せるなどディテールにもこだわった。カウンター上の冷蔵ショーケースには10〜13品のチケーティを並べ、価格は定番の「茹で卵とアンチョビ」100円をはじめ、"超"が付くほどリーズナブル。ワインはスタンディングなら、グラスは400円から、ボトルは2000円から楽しめる。

　フードはチケーティの他、生ハム、前菜、パスタ、ピッツァ、肉・魚のメイン料理など幅広い品揃え。シェフの一瓢栄司さんがイタリアでの修業経験を生かしつつ、日本の旬を意識しながらメニューを組み立てる。

　特徴的なのは、ピッツァを提供する点。本場のリアリティを追求する同店だが、実はイタリアではピッツァを提供するバーカロはめずらしい。「気軽さが訴求でき、専門性を打ち出せると考えました」とオーナーの橘春奈さん。オープン当初、2軒隣に系列のリストランテがあり、両店を明確に棲み分けるための方策だった。やると決めたら本気。ピッツァはもちもちとしたナポリスタイルで、ピッツァイオーロと呼ぶピッツァ職人が専用のガス窯で焼き上げる本格派だ。

　ただし、看板にはピッツァのアピールはほとんどない。橘さんが提案したいのはあくまでバーカロ文化。店前からうかがえる賑やかに立ち飲みを楽しむお客の姿が、その象徴だ。

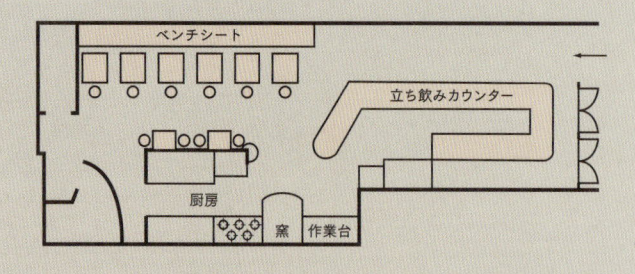

◎営業時間：17時〜翌2時（翌1時L.O.）
◎定休日：無休
◎店舗規模：18坪16席（立ち飲みを除く）
◎客単価：3000円
◎フード中心価格帯：500円〜800円
◎ワイン中心価格帯：グラス400円〜800円
　　　　　　　　　　ボトル2000円〜3000円
◎アルコール売上げ比率：60％
◎開業年月：2007年6月

a U字のカウンターは立ち飲み専用。「京都は立ち飲みや相席を嫌う傾向にあるが、だめだったら椅子を置けばいい」と決断したが、いまでは立ち飲み利用が人気に。b・d ワインのあてにつまみを注文するもよし、ピッツァで小腹を、パスタでしっかりと腹を満たすもよしの自由度の高い商品構成。c ショーケースには一口おつまみ「チケーティ」が賑やかに並ぶ。e ピッツァ専門店なら店の顔として堂々と鎮座する窯だが、ここはバーカロ。慎ましく店の一角にたたずむ。ただし実力は主役級。f テーブル席のランプシェードはフラワーモチーフのレース。g ワインはイタリアをメインにニューワールドのアイテムも揃える。一押しは微発泡ワインのランブルスコ。

9

締めの米料理とパスタ

魚介のパエリア
バル デ エスパーニャ ペロ

レンズマメのパエジャ
エル ポニエンテ ゴソ

いか墨のメロッソ
エル ブエイ

たこのメロッソ
エル プルポ

フィデウア
リンコン カタルーニャ

魚介のパエリア
バル デ エスパーニャ ペロ

オマール、渡りガニ、タイ、トマトなどを合わせただしが命。
表面はぱりっ、中はふっくらと仕上げる火入れが腕の見せ場。

材料 [1皿分]
バレンシア米……200g
ヤリイカ……30g
むきエビ……30g
マグロ……30g
ムール貝……4個
アサリ……4個
甘エビ……4尾
魚介のだし（P.220）……600㎖
サフラン……少量
レモン（くし形切り）……適量
アイオリソース（P.220）……適量
塩

1 ヤリイカ、むきエビ、マグロは食べやすい大きさに切る。
2 直径30cmのパエリア鍋に、バレンシア米、**1**、ムール貝、アサリ、甘エビ、魚介のだし、サフランを入れ、強火にかける。汁気が減り、米が汁からのぞくようになったら、塩で味を調え、180℃のオーブンで18分加熱する。
3 **2**にレモンとアイオリソースを添える。

レンズマメのパエジャ
エル ポニエンテ ゴソ

レンズ豆をメインの具材に、野菜と鶏のうまみで炊き上げたシンプルなパエリアは、スペイン・バスク地方の郷土料理。

材料 [つくりやすい分量]
米……2合
レンズ豆……100g
ニンニク（みじん切り）……小さじ1
玉ネギ（みじん切り）……大さじ1
パセリ（みじん切り）……適量
トマト（1cmの角切り）……1個
ピーマン（1cmの角切り）……2個
生ハム（みじん切り）……大さじ1
鶏のブイヨン（P.215）……700㎖
ローリエ……1枚
オリーブ油、塩

1 レンズ豆は水で洗い、30分水にひたす。水気を切る。
2 直径23cmの耐熱容器にオリーブ油をひき、ニンニク、玉ネギ、パセリを炒める。香りが立ってきたら、トマト、ピーマン、生ハムを入れ、全体に火が通るまで炒める。
3 **2**に米を入れてざっと炒め合わせ、温めた鶏のブイヨンを加えて塩で味を調える。ローリエを入れ、**1**をまんべんなく散らし、230℃のオーブンで15分加熱する。

たこのメロッソ
エル プルポ

タコは味が出にくい。だから真ダコのだしを事前にスタンバイ。そのだしで米を炊けば、短時間でうまみたっぷり。

材料［1皿分］
米……1.5合
真ダコ（足）……40g
赤・黄パプリカ（さいの目切り）……各1/4個
ズッキーニ（さいの目切り）……1/4本
ニンニクのオイル漬け*1……小さじ2
ソフリット（P.215）……大さじ2
トマトピュレ*2……大さじ1
フュメ・ド・ポワソン（P.215）……150㎖
タコのだし（P.215）……50㎖
イタリアンパセリ（みじん切り）……適量
オリーブ油、塩
＊1　ニンニク（みじん切り）をオリーブ油に漬けたもの。
＊2　ミニトマトをピュレ状になるまでミキサーで攪拌し、塩で味を調えたもの。

1　真ダコは塩をふってもみ、水で洗う。塩を加えた湯で茹で、食べやすい大きさに切る。
2　手鍋にオリーブ油をひき、野菜を炒める。しんなりしてきたら、ニンニクのオイル漬け、ソフリット、トマトピュレを加えて炒める。
3　全体がなじんだら、米、フュメ・ド・ポワソン、タコのだしを入れ、塩で味を調える。250℃のオーブンに移し、13分ほど加熱する。イタリアンパセリを散らす。

いか墨のメロッソ
エル ブエイ

リゾットに似たスペインの米料理。漆黒の見た目、芳醇な香りとたっぷりのうまみはテーブルの話題をかっさらう。

材料［1皿分］
A
　米……1.5合
　イカ墨……60㎖
　スルメイカ（食べやすい大きさに切る）……20g
　ソフリット（P.215）……大さじ1
　ニンニクのオイル漬け*……大さじ1
　フュメ・ド・ポワソン（P.215）……200㎖
　水……50㎖
　塩
アイオリソース（P.215）……適量
EVオリーブ油
＊ニンニク（みじん切り）をオリーブ油に漬けたもの。

1　Aの材料をすべて鍋に入れ、強火にかける。沸騰したら250℃のオーブンに移し、14分加熱する。
2　器に盛り付け、EVオリーブ油をまわしかける。アイオリソースを添える。

フィデウア
リンコン カタルーニャ

米の代わりに極細のパスタを使ったパエリア。ブイヨンとイカゲソの煮込みで凝縮した魚介のうまみを含ませる。

材料［1皿分］
カペッリーニ……70g
イカ……50g
ニンニク（スライス）……1片
野菜とイカゲソの煮込み（P.223）……大さじ1
魚介のブイヨン（P.223）……200㎖
アイオリソース（P.223）
イタリアンパセリ……適量
レモン（くし形切り）……適量
オリーブ油、塩

1　イカは小さめの一口大に切る。
2　直径16㎝のパエリア鍋にオリーブ油とニンニクを入れ、香りが立つまで炒める。**1**と、野菜とイカゲソの煮込みを加え、全体がなじむまで炒める。
3　魚介のブイヨンを入れ、沸騰したら塩で味を調える。カペッリーニを適当な長さに折って加え、カペッリーニがしんなりするまで混ぜながら煮る。
4　230℃のオーブンで5〜6分加熱し、アイオリソースをかけ、再びオーブンに戻して軽く焼く。イタリアンパセリとレモンを飾る。

カレードリア
カレーとワイン ポール

リゾットカレー
世田谷バル

ライスコロッケ「アランチーノ」
イタリアン バール ラ ヴィオラ

ガーリックライス
マル2階

アサリごはん
三鷹バル

カレードリア
カレーとワイン ポール

コクの欧風カレーとスパイシーなインドカレーの中間的な味。締めにはもちろん、チーズのサポートで酒のあてにも◎。

材料［1皿分］
カレー……でき上がりより180g
| 合挽き肉……200g
| 玉ネギ（みじん切り）……4個
| ニンニク（すりおろす）……10g
| ショウガ（すりおろす）……10g
| トマト（みじん切り）……1個
| ヨーグルト……50g
| 赤ワイン……200㎖
| リンゴジュース……200㎖
| 水……1ℓ
| 固形ブイヨン……3個
| カレールー（きざむ）……150g
| マスタードシード……小さじ1
| クミンシード……小さじ1
| サラダ油
ごはん*……100g
生クリーム……5㎖
ミックスチーズ（シュレッド）……30g
パルミジャーノ・レッジャーノ（すりおろす）……5g
イタリアンパセリ（みじん切り）……適量
EVオリーブ油
*冷やごはんの場合は温める。

1 カレーをつくる。
①サラダ油をひいた鍋に、マスタードシード、クミンシードを順に入れて炒める。香りが立ってきたら玉ネギを加え、飴色になるまで炒める。
②ニンニクとショウガを加え、香りが立ってきたらトマトを加え、煮崩れてとろみがでるまで炒める。
③合挽き肉を入れ、ヘラでほぐしながら炒める。肉に火が通ったら、カレールー以外の残りの材料をすべて加えて30〜40分煮る。
④火をとめてカレールーを入れ、余熱で溶かし、混ぜる。
2 耐熱容器にごはんを盛り、その上にカレーをまんべんなく広げる。生クリームをまわしかけ、ミックスチーズを散らし、パルミジャーノ・レッジャーノをふる。250℃のオーブンで9分焼く。
3 器ごと皿に盛り付け、イタリアンパセリを散らし、EVオリーブ油をまわしかける。

ライスコロッケ「アランチーノ」
イタリアン バール ラ ヴィオラ

大玉を割ると、サフランリゾットが香り、モッツァレラチーズが糸を引く。辛味をきかせたトマトソースにつけて。

材料［1皿分］
サフランリゾット……でき上がりより120g
| 米……1kg
| サフラン……0.5g
| 湯……1ℓ
| 水……約1.5ℓ
| パルミジャーノ・レッジャーノ（すりおろす）……250g
| バター……250g
| オリーブ油、塩
トマトソース（P.214）……適量
赤唐辛子（粉）……適量
モッツァレラチーズ（さいの目切り）……1個（10g）
卵……1個
牛乳……5㎖
小麦粉……1g
ミラネーゼパン粉*……1g
バジル……1枚
サラダ油
*ドライパン粉（細挽き）とパルミジャーノ・レッジャーノ（すりおろす）を3：1で合わせたもの。

1 サフランリゾットをつくる。
①サフランは湯にひたしておく。
②鍋にオリーブ油をひき、米を炒める。透き通ってきたら①を湯ごと加え、沸騰したら蓋をして弱火で10分加熱する。火をとめて15分蒸らす。
③②に水をひたひた程度に加えて沸かし、パルミジャーノ・レッジャーノとバターを入れ、ざっくりと混ぜる。残りの水を少しずつ足し入れ、混ぜる。米の芯が少し残る程度になったら、バットに広げて冷ます。
2 トマトソースに赤唐辛子を加え混ぜ、ソースとする。
3 **1**でモッツァレラチーズを包み、丸く成形する。
4 ボウルに卵と牛乳を入れ、よく混ぜる。
5 **3**に小麦粉、**4**、ミラネーゼパン粉を順につけ、冷蔵庫で軽く冷やしかためる。
6 **5**を180℃のサラダ油で4分揚げる。
7 皿に**2**を敷き、**6**をのせ、バジルを飾る。

リゾットカレー
世田谷バル

トマトカレーの酸味とチーズリゾットの濃厚な味がベストマッチ。好みの加減に混ぜて食べる。もちろん別々でもOK。

材料［1皿分］
リゾットのベース……でき上がりより100g
　米……5合
　玉ネギ（みじん切り）……1/2個
　水……適量
　オリーブ油……60mℓ
カレー……でき上がりより1/20量
　鶏モモ肉……2kg
　ニンニク（みじん切り）……大さじ5
　玉ネギ（スライス）……5個
　ホールトマト（つぶす）……2.5kg
　カレー粉……30g
　サラダ油……15mℓ
　オリーブ油……30mℓ
牛乳……180mℓ
生クリーム……15mℓ
パルミジャーノ・レッジャーノ（すりおろす）……大さじ2
パセリ（みじん切り）……適量
塩、コショウ

1　リゾットのベースをつくる。
①オリーブ油をひいた鍋で玉ネギを炒め、透き通ってきたら米を加え、炒める。
②水をひたひたに加えて沸かし、弱火で6〜7分煮る。バットに広げ、湿らせたキッチンペーパーをかぶせる。
2　カレーをつくる。
①鶏モモ肉を大きめの一口大に切り、ボウルに入れて塩、コショウをふる。サラダ油をひいたフライパンで、全体に焼き色がつくまで炒める。
②オリーブ油をひいた鍋にニンニクを入れて炒め、香りが立ってきたら玉ネギを加え、飴色になる手前まで炒める。
③②に①、ホールトマト、カレー粉を加え、鶏肉がやわらかくなるまで2時間ほど煮る。塩、コショウで味を調え、夏場は冷蔵庫、冬場は涼しいところに1晩おいて味をなじませる。
3　鍋に**1**、牛乳、生クリームを入れて火にかける。塩で味を調え、汁気がなくなり、米が好みのかたさになるまで煮る。パルミジャーノ・レッジャーノを加え混ぜる。
4　皿に**2**と**3**を盛り付け、パセリを散らす。

ガーリックライス
マル2階

豚バラの煮込み入り。ガツンとパワフルな味はいわずもがな。海苔とカイワレの意外なあしらいで目先を変える。

材料［1皿分］
ごはん……120g
豚バラ肉の煮込み（P.222）……50g
豚バラ肉の煮込みの煮汁（P.222）……適量
ニンニク（みじん切り）……大さじ2
パプリカ*……50g
ガーリックパウダー……適量
濃口醤油……適量
きざみ海苔……適量
カイワレ菜……適量
マーガリン……大さじ1
塩、コショウ
＊赤・緑・黄パプリカをそれぞれみじん切りにして合わせたもの。

1　豚バラ肉の煮込みは小さめの角切りにし、その煮汁とともに鍋に入れ、温める。
2　マーガリンを熱したフライパンで、ニンニクを炒める。色づいてきたら、ごはん、**1**の豚バラ肉、パプリカを加えて炒め合わせ、ガーリックパウダー、濃口醤油、塩、コショウで味を調える。器に盛り付け、きざみ海苔とカイワレ菜をのせる。

アサリごはん
三鷹バル

炒めた米を、魚のだしとアサリとともに炊いたパエリア。米を噛みしめると魚介のうまみがしみじみと感じられる。

材料［1皿分］
米……1/2カップ
玉ネギ（みじん切り）……1/2個
ニンニク（みじん切り）……1/2片
アサリ……10個
魚のだし（P.223）……200mℓ
レモン……適量
オリーブ油……30mℓ
塩

1　素焼きの土鍋にオリーブ油と玉ネギ、ニンニクを入れて中火にかける。少し色づいてきたら、米を加えてさらに炒める。
2　米に油がまわったら、アサリ、魚のだし、塩を加えてそのまま中火にかける。アサリの殻が開いたら弱火にして10分、蓋をしてさらに10分加熱する。
3　レモンを搾る。

とろとろ豚バラ肉ときゃべつの
ブカティーニ エストラゴンの香り
トラットリア・バール イル ギオットーネ

スパゲティ しらすのシチリア風
イル ランポ

魚介とキャベツソースのパンタッチェ
ポキート

鶏レバーときのこのペンネ
フリーゴ

とろとろ豚バラ肉ときゃべつの ブカティーニ エストラゴンの香り

トラットリア・パール イル ギオットーネ

歯ごたえが強く、小麦が香る太めのパスタ。ごろっとした煮豚に黒コショウの刺激。イメージはずばり「塩焼きそば」。

材料 [1皿分]
ブカティーニピッコレ……100g
煮豚……でき上がりより100g
　豚バラ肉（ブロック）……300g
　ショウガ（スライス）……5g
　ニンニク（スライス）……1/2片
　八角……少量
　マルサラ酒*1……30㎖
　EVオリーブ油……適量
　塩……肉の重量の1.2%
キャベツ（食べやすい大きさに切る）……70g
うまみブロード（P.217）……90㎖
エストラゴン（ばらす）……1房
パルミジャーノ・レッジャーノ（すりおろす）……適量
ニンニクオイル*2……適量
塩、黒コショウ
＊1 イタリア・シチリア産の酒精強化ワイン。甘口。
＊2 ニンニク（縦半分に切り、芽を取り除く）を、EVオリーブ油で15分程度煮る。

1　煮豚をつくる。
①豚バラ肉は塩をすり込み、1日冷蔵庫におく。
②EVオリーブ油をひいたフライパンで余分な脂を落とすように、じっくりと両面を焼く。
③ビニール袋に②の豚肉と残りの材料を入れて真空パックし、85℃のスチームコンベクションオーブンで6時間加熱する。
④豚肉を取り出し、1cm角に切る。ビニール袋に残った煮汁もとりおく。
2　ブカティーニピッコレは塩を加えた湯で少しかために茹でる。
3　フライパンにニンニクオイルをひいて熱し、香りが立ってきたらキャベツを入れ、軽く塩をふり、うまみブロードを加えて蓋をして蒸し焼きにする。途中でエストラゴンと、煮豚とその煮汁少量を加える。
4　3に茹で上げたパスタを加え、煮汁を含ませるようにからめる。水分がほぼなくなったら火からおろす。
5　皿に盛り付け、パルミジャーノ・レッジャーノをたっぷりと散らし、黒コショウを挽く。

スパゲティ しらすのシチリア風

イル ランポ

ニンニクとオレガノで風味をつけたパン粉をチーズのようにたっぷりかけて。シラスの香りや食感と見事にフィット。

材料 [1皿分]
スパゲッティ……80g
釜揚げシラス……60g
ニンニク（スライス）……1/2片
赤唐辛子（きざむ）……適量
魚のブロード（P.214）……適量
イタリアンパセリ（みじん切り）……適量
トマト*1……25g
パン粉*2……適量
EVオリーブ油、オリーブ油、塩
＊1 種を取り除き、みじん切りにしたもの。
＊2 オリーブ油につぶしたニンニクを入れて火にかける。香りが立ってきたらドライパン粉を加え、キツネ色になるまでじっくり炒める。ニンニクを取り除き、オレガノを加え、塩で味を調える。

1　スパゲッティは塩を加えた湯でアルデンテに茹でる。
2　鍋にオリーブ油、ニンニク、赤唐辛子を入れて火にかけ、香りが立ってきたら魚のブロード、釜揚げシラス、イタリアンパセリ、トマトを加え、少し煮詰める。
3　2に茹で上げたスパゲッティを加えて和え、EVオリーブ油をまわしかける。
4　皿に盛り付け、パン粉とイタリアンパセリをふる。

魚介とキャベツソースのパンタッチェ
ポキート

パンタッチェはもちもちした食感が魅力の、一口大のパスタ。魚介類をたっぷり使って、ワインの"あて"に。

材料［1皿分］
パンタッチェ*1……35g
A
　エビ……4尾
　白身魚（一口大に切る）……エビと同量
　ホタテ貝柱（一口大に切る）……1個
　ムール貝……3個
　アサリ……4個
　亀の手*2……4個
　オリーブ油……5㎖
　水……50㎖
白エビのフリット*3……10尾
キャベツのピュレ……でき上がりより大さじ4
　キャベツ……1/4玉
　EVオリーブ油……約30㎖
海ブドウ……8本
赤ジソの若葉……適量
EVオリーブ油、塩、コショウ

＊1 一口大の、薄い四角形のパスタ（乾麺）。もちもちとした食感に茹で上がる。
＊2 甲殻類の一種。
＊3 白エビに小麦粉を薄くまぶして揚げ、軽く塩をふったもの。

1　キャベツのピュレをつくる。
①キャベツは塩を加えた湯でやわらかく茹で上げる。
②①のキャベツをミキサーに入れ、茹で湯を適量加えて撹拌し、なめらかなペースト状にする。
③ミキサーを回転させたまま、EVオリーブ油を細くたらして加えていき、分離しないように混ぜる。
2　パンタッチェは塩を加えた湯でアルデンテに茹でる。
3　鍋にAの材料を入れ、軽く塩、コショウをし、蓋をして蒸し煮にする。貝の殻が開いたら魚介類をいったん取り出し、茹で上げたパンタッチェを入れて、軽く煮る。煮詰まったら、パスタの茹で湯を加える。
4　パンタッチェが汁を含んでもちもちとしたら、1のピュレを加え、塩、コショウで味を調える。最後にエビ、白身魚、ホタテ貝柱を戻し、さっと合わせる。
5　4を皿に盛り、ムール貝、アサリ、亀の手を盛り合わせる。白エビのフリット、海ブドウ、赤ジソの若葉を散らし、EVオリーブ油をまわしかける。

鶏レバーときのこのペンネ
フリーゴ

鶏レバーペーストをつくっておけば、あっという間に内臓系ソースのでき上がり。ペンネなら、つまみ感覚でつつける。

材料［1皿分］
ペンネ……80g
鶏レバーペースト（P.221）……大さじ1強
好みのキノコ（3～4種類*）……1つかみ
パルミジャーノ・レッジャーノ……大さじ2
オリーブ油、塩、コショウ
＊ここでは椎茸、舞茸、シメジ、白シメジを使用。

1　ペンネは塩を加えた湯でアルデンテに茹でる。
2　各種キノコは食べやすい大きさに切ったり、ほぐしたりする。
3　フライパンにオリーブ油をひき、2を炒める。しんなりしたら、鶏レバーペーストを加え、パスタの茹で湯を適量加えて溶きのばす。
4　3に茹で上げたペンネを入れ、ソースをしっかりからめる。パルミジャーノ・レッジャーノの半量をふり、ひと混ぜする。
5　皿に盛り、残りのパルミジャーノ・レッジャーノをふり、コショウを挽く。

仔羊の煮込みソース
手打ちピチ

キッチン セロ

トマトソーススパゲッティ つけ麺風
バール タッチョモ

チキンとクリームチーズのラビオリ
バール タッチョモ

仔羊の煮込みソース 手打ちピチ
キッチン セロ

- -

コシのあるパスタとコクのある仔羊の煮込みの組合せは、お腹を満たしつつ、まだまだ飲みたい時にも向く一皿。

材料［1皿分］
ピチ……でき上がりより80g
 強力粉……250g
 水……110g
 EVオリーブ油……5g
 塩……5g
仔羊の煮込みソース……でき上がりより1/20量
 仔羊の挽き肉……2kg
 タイム（みじん切り）……10枝
 ローズマリー（みじん切り）……5枝
 ニンニク（みじん切り）……大さじ1
 塩……20g
 コショウ……少量
 赤ワイン……750ml
 鶏のブイヨン（P.216）……1.5ℓ
 トマトペースト……100g
パルミジャーノ・レッジャーノ（すりおろす）……適量
EVオリーブ油、サラダ油、塩、コショウ

1 ピチをつくる。
①材料をすべてボウルに入れ、しっかりとこねる。
②押すと手ごたえが出て、つやが出てきたら、ひとまとめにしてラップフィルムで包み、1時間常温におく。
③小さく切り出し、手のひらで転がしながら細長くのばす。

2 仔羊の煮込みソースをつくる。
①フライパンを熱してサラダ油をひき、タイム、ローズマリー、ニンニク、塩、コショウを入れ、仔羊の挽き肉を一度に加え、木ベラで押しつけるようにして焼きつける。
②①を鍋に移し、赤ワインを加えて中火で1/3量になるまで煮詰め、鶏のブイヨンとトマトペーストを加え、180℃のオーブンで約1時間煮込む。

3 塩を加えた湯でピチを茹でる。太さによるが目安は10分ほど。

4 フライパンに**2**を入れて温め、茹で上げたピチを加える。水分を足しながら軽く煮込んでなじませる。EVオリーブ油とパルミジャーノ・レッジャーノを加えて和える。

5 皿に盛り、コショウをたっぷり挽きかける。

トマトソーススパゲッティ つけ麺風
バール タッチョモ

洒落のきいたパスタメニュー。そのまま食べればトマトパスタ、チーズソースをつければトマトクリームパスタに。

材料［1皿分］
スパゲッティ……80g
トマトソース……でき上がりより200㎖
　ニンジン（みじん切り）……2本
　セロリ（みじん切り）……2本
　玉ネギ（みじん切り）……4個
　ホールトマト……2.5ℓ
　バジル（ちぎる）……6枚
　EVオリーブ油……30㎖
　砂糖……大さじ2
　塩……大さじ2
チーズソース……でき上がりより150㎖
　パルミジャーノ・レッジャーノ（すりおろす）……100g
　牛乳……600g
　ジャガイモ*……100g
バター……小さじ1
イタリアンパセリ（みじん切り）……適量
オリーブ油、塩
＊皮をむき、スライスする。

1　トマトソースをつくる。
①オリーブ油をひいた鍋で、ニンジン、セロリ、玉ネギを炒め、油がなじんだらホールトマトを入れ、2〜3時間煮る。
②ミキサーに移し、バジル、EVオリーブ油、砂糖、塩を加え、なめらかになるまで撹拌する。
2　チーズソースをつくる。
①鍋に牛乳とジャガイモを入れ、ジャガイモに火が通るまで煮る。
②火をとめ、パルミジャーノ・レッジャーノを加えて余熱で溶かし、塩で味を調える。
③ミキサーに移し、なめらかになるまで撹拌する。漉す。
3　スパゲッティは塩を加えた湯でアルデンテに茹でる。
4　ボウルに茹で上げたスパゲッティ、1、バターを入れて和える。
5　4を皿に盛り、イタリアンパセリを散らす。2を温め直し、器に取り分けて添える。

チキンとクリームチーズのラビオリ
バール タッチョモ

ラビオリはペンネと並ぶ"おつまみパスタ"の最右翼。詰め物もバジル風味のトマトソースもしっかりめに味つけ。

材料［5皿分］
チキンとクリームチーズのラビオリ
　ラビオリ生地（P.219）……適量
　鶏モモ肉（一口大に切る）……300g
　玉ネギ（一口大に切る）……1個
　ニンジン（一口大に切る）……1/2本
　セロリ（一口大に切る）……1/2本
　ニンニク（粗みじん切り）……2片
　ローズマリー（粗みじん切り）……1枝
　白ワイン……100㎖
　卵……1個
　パルミジャーノ・レッジャーノ（すりおろす）……50g
　クリームチーズ……50g
トマトソース
　玉ネギ（スライス）……1/8個
　トマト*……2個
　バジル（ちぎる）……5枚
EVオリーブ油……20㎖＋適量
オリーブ油、塩、コショウ
＊種を取り除き、粗みじん切りにしたもの。

1　チキンとクリームチーズのラビオリをつくる。
①鶏モモ肉は、オリーブ油をひいたフライパンで焼き色がつくまで炒める。
②別のフライパンにオリーブ油をひき、玉ネギ、ニンジン、セロリ、ニンニク、ローズマリーを入れ、香りが立つまで炒める。
③鍋に①と②を入れて加熱し、白ワインを入れ、アルコール分を飛ばす。塩、コショウをふり、180℃のオーブンで30分焼く。
④③をフードプロセッサーに移し、ミンチ状になるまで撹拌する。バットに移し、冷蔵庫で冷ます。
⑤ボウルに、④、卵、パルミジャーノ・レッジャーノ、クリームチーズを入れ、混ぜ合わせる。
⑥ラビオリ生地を広げ、向こう側の端寄りに⑤を適量ずつ、等間隔に並べる。生地を手前から半分に折り、さらに半分に折って詰め物の周囲を押さえて生地を貼り合わせる。パイカッターで1個ずつ切り分け、切り口を指でつまんで閉じる。
2　ラビオリを塩を加えた湯で茹でる。
3　トマトソースをつくる。EVオリーブ油（20㎖）をひいたフライパンで玉ネギを炒め、透き通ってきたらトマトを加える。トマトが煮崩れてきたら、バジルを加え、塩で味を調える。
4　3に茹で上げたラビオリを加えて和え、器に盛り付ける。EVオリーブ油（適量）をふり、ローズマリー（1枝、分量外）を飾る。

基本・補足レシピ
*すべてつくりやすい分量

イタリアン バール ラ ヴィオラ

◎トマトソース
材料
トマト*…… 2.55kg
玉ネギ（みじん切り）…… 1kg
ニンニク（みじん切り）…… 30g
オリーブ油、塩
*種を取り除き、小さくさいの目に切ったもの。

1 オリーブ油をひいたフライパンで玉ネギとニンニクを炒め、香りが立ってきたらトマトを加えて、3/4量程度になるまで煮る。塩で味を調える。

イル ランポ

◎クールブイヨン
材料
玉ネギ…… 適量
ニンジン…… 適量
セロリ…… 適量
セージ…… 適量
ローズマリー…… 適量
パセリの茎…… 適量
クローブ…… 適量
ローリエ…… 適量
白ワイン…… 適量
水…… 適量

1 鍋にすべての材料を入れ、水をたっぷりはって火にかける。十分に味が出たら、漉す。

◎トンナートソース
材料
ツナ（みじん切り）…… 適量
ケイパー（みじん切り）…… 適量
フィレアンチョビ（みじん切り）…… 適量
マヨネーズ…… 適量
赤ワインヴィネガー…… 適量

1 ツナ、ケイパー、フィレアンチョビ、マヨネーズを混ぜ合わせ、赤ワインヴィネガーで味を調える。

◎クレープ生地
材料
小麦粉（00粉*）…… 125g
卵…… 1個
牛乳…… 200ml
生クリーム…… 50g
塩
*イタリア産の小麦粉。

1 材料を混ぜ合わせ、漉す。冷蔵庫に1日おく。

◎サルシッチャのタネ
材料
豚モモ肉…… 1kg
豚背脂…… 300g
卵白…… 1個分
ニンニク（すりおろす）…… 1片
フェンネルシード…… 10g
塩、黒コショウ

1 豚モモ肉はフードプロセッサーで粗く挽く。
2 1をボウルに入れ、豚背脂、卵白、ニンニク、フェンネルシード、塩、黒コショウを加え、しっかりと混ぜ合わせる。冷蔵庫に1〜2日おく。

◎ピッツァ生地
材料
小麦粉（サッコロッソ*）…… 3.12kg
水…… 2ℓ
塩…… 70g
生イースト…… 2〜4g
*イタリア・カプート社製の小麦粉。

1 スパイラルミキサーに水と塩、生イーストを入れて溶かし、小麦粉を少量残して加え、10分こねる。
2 残りの小麦粉を加えながら生地のかたさを調整し、10分こねる。
3 打ち粉をふった作業台に取り出し、湿らせた布をかぶせて10分休ませる。
4 生地を叩いてガス抜きをし、湿らせた布をかぶせてさらに10分休ませる。
5 1玉135gに分割し、番重に移して常温で発酵させる。春夏は約6時間、秋冬は約8〜22時間が目安。

◎自家製オイルサーディン
材料
小イワシ…… 250g
水…… 180ml
塩…… 20g
ニンニク…… 1片
ローリエ…… 1枚
赤唐辛子…… 1本
粒黒コショウ…… 5粒
オリーブ油…… 適量

1 小イワシは頭を落として腹開きにし、内臓、中骨、血合を取り除く。
2 バットに水を入れて塩を溶かし、1を2時間漬ける。イワシを取り出し、水分を拭き取る。
3 深めの耐熱容器に2を並べ、オリーブ油をひたひたに注ぎ、残りの材料を入れ、蓋をする。150℃のオーブンで4時間加熱した後、常温で冷ます。

◎魚のブロード
材料
白身魚のアラ…… 適量
玉ネギ…… 適量
ニンジン…… 適量
セロリ…… 適量
ローリエ…… 適量
パセリの茎…… 適量
粒白コショウ…… 適量
卵白…… 適量
白ワインヴィネガー…… 適量
水…… 適量

1 すべての材料を鍋に入れ、水をたっぷりはって火にかける。沸騰直前まで木ベラで混ぜ、沸いたら弱火で煮る。魚の臭みが出る前に火をとめ、漉す。

エル ブエイ / エル プルポ

◎アイオリソース
材料
マヨネーズ……1kg
ガーリックパウダー……4g
牛乳……360㎖
EVオリーブ油……10g
1　材料をすべて混ぜ合わせる。

◎ニンニクマスタード
材料
ニンニク……適量
マスタード……適量
1　ニンニクは皮付きのままアルミ箔に包み、250℃のオーブンで45分焼く。
2　皮をむいて裏漉しし、同量のマスタードと混ぜ合わせる。

◎フュメ・ド・ポワソン
材料
魚のアラ……適量
玉ネギ……適量
ニンジン……適量
パセリの茎……適量
パプリカパウダー……適量
水……適量
オリーブ油
1　玉ネギ、ニンジン、パセリの茎は、それぞれ適当な大きさに切り、オリーブ油で炒め、パプリカパウダーをふる。
2　1を鍋に移し、魚のアラを加え、水から煮出す。漉す。

◎赤ワインソース
材料
玉ネギ……1/2個
赤ワイン……400㎖
シェリーヴィネガー……20㎖
フォン・ド・ヴォー……100g
オリーブ油、塩
1　玉ネギは、オリーブ油をひいたフライパンでしんなりするまで炒める。赤ワインを加え、半量まで煮詰める。
2　シェリーヴィネガーとフォン・ド・ヴォーを加え、ひと煮立ちしたら塩で味を調える。

◎ソフリット
材料
玉ネギ（粗みじん切り）……2個
ピーマン（粗みじん切り）……10個
鶏モモ肉（さいの目切り）……1kg
オリーブ油
1　オリーブ油をひいたフライパンにすべての材料を入れ、野菜がくたくたになるまで炒める。

◎タコのだし
材料
真ダコ……1ハイ
玉ネギ……2個
ニンジン……1/2本
トマトピュレ……適量
水……適量
1　真ダコはワタを取り除き、塩をふってもみ、水で洗う。玉ネギとニンジンは適当な大きさに切る。
2　鍋に1のタコと野菜、トマトピュレ、たっぷりの水を加え、タコが十分にやわらかくなるまで煮る。漉す。

エル ポニエンテ ゴソ

◎ソフリット
材料
ホールトマト……約5kg
ニンニク（粗みじん切り）……4片
パセリ（粗みじん切り）……大さじ2
玉ネギ（みじん切り）……6個
ピーマン（みじん切り）……10個前後
パプリカパウダー……大さじ2
白ワイン……500㎖
オリーブ油、塩
1　ホールトマトは漉して種などを取り除く。
2　鍋にオリーブ油を熱し、ニンニクとパセリを入れ、香りが立ってきたら玉ネギとピーマンを加える。しんなりしてきたらパプリカパウダーと白ワインを加え、軽く煮詰める。
3　1を加え混ぜ、2/3量になるまで煮詰める。塩で味を調える。

◎鶏のブイヨン
材料
鶏ガラ……5kg
ニンジン……3本
玉ネギ……3個
セロリ……4本
白ネギ……1本
ローリエ……5枚
粒黒コショウ……大さじ2
タイム……大さじ1
水……20ℓ
1　鍋に水と鶏ガラを入れて沸かし、アクをひく。
2　その他の材料をすべて加え、2時間～2時間30分煮出し、漉す。

カレーとワイン ポール

◎ガーリックマヨネーズ
材料
マヨネーズ……1kg
生クリーム……100㎖
牛乳……100㎖
ニンニク（すりおろす）……30g
黒コショウ

1　材料をすべて混ぜ合わせる。

◎マッシュポテト
材料
ジャガイモ……適量
牛乳……適量
生クリーム……適量
バター……適量
塩

1　ジャガイモは塩を加えた湯で茹で、皮をむき、つぶす。
2　1、牛乳、生クリーム、バターを混ぜ合わせ、塩で味を調える。

キッチン セロ

◎ニンニクオイル
材料
ニンニク（みじん切り）……2片
オリーブ油……200㎖

1　オリーブ油とニンニクを鍋に入れ、7〜8分熱する。

◎鶏のブイヨン
材料
鶏ガラ……1kg
玉ネギ（適宜切る）……1個
ニンジン（適宜切る）……1/2本
セロリ（適宜切る）……2本
ローリエ……適量
粒黒コショウ……適量
水……5ℓ
粗塩

1　鶏ガラは流水で洗って血などを落とす。水気を拭き取る。
2　鍋に1とその他の材料を入れ、中火にかける。
3　沸騰したら弱火にしてアクをすくいながら、2時間ほど煮出す。漉す。

スペインバル＆レストラン バニュルス

◎ドレッシング
材料
A
　白ワインヴィネガー……900㎖
　パプリカパウダー……9g
　砂糖……240g
　塩……54g
　白コショウ……15g
EVオリーブ油……900㎖
サラダ油……900㎖

1　ボウルにAの材料をすべて入れ、しっかりと混ぜ合わせる。
2　1に油を少量ずつ加え混ぜる。

◎鶏のだし
材料
A
　鶏ガラ……6kg
　鶏肉（切り落とし肉）……適量
　豚の端材*……適量
B
　玉ネギ……3個
　ニンジン……2本
　セロリ……2本
　ニンニク（横半分に切る）……1株
　タイム……適量
　ローリエ……適量
　粒黒コショウ……適量
水……適量

*イベリコ豚の生ハムの骨、切り落とし肉、皮、また吉田豚の骨などあるものを使う。

1　鍋にAの材料を入れ、かぶるくらいに水をはり、火にかける。沸いたらアクをひき、Bの材料を入れる。こまめにアクをひき、十分に味が出るまで煮る。漉す。

◎ブラバスソース
材料
玉ネギ（みじん切り）……5個
赤唐辛子（種を取る）……3〜4本
パプリカパウダー……適量
ホールトマト……3kg
オリーブ油、塩、コショウ

1　オリーブ油をひいたフライパンで玉ネギと赤唐辛子を炒め、香りが立ってきたらパプリカパウダーをふり、ホールトマトを加えて煮る。
2　汁気がなくなってきたら、塩、コショウで味を調える。

◎アイオリソース
材料
卵黄……5個分
ニンニク（すりおろす）……5片
牛乳……300mℓ
EVオリーブ油……1ℓ
オリーブ油……1ℓ
塩

1　卵黄とニンニクをフードプロセッサーに入れて撹拌し、牛乳と油を少しずつ加え混ぜる。塩で味を調える。

◎サルピコンソース
材料
赤・黄パプリカ（各みじん切り）……各適量
玉ネギ（みじん切り）……適量
白ワインヴィネガー……適量
砂糖……少量

1　材料をすべて混ぜ合わせる。

世田谷バル

◎バーニャカウダソース
材料
ニンニク……50g
ケイパー……50g
フィレアンチョビ……50g
オリーブ油……適量

1　ニンニク、ケイパー、フィレアンチョビを鍋に入れ、オリーブ油をひたひたに注ぎ、ぽこぽこと沸くくらいの弱火を保ちながら約1時間煮る。
2　ニンニクがやわらかくなったら火をとめ、ハンドミキサーでなめらかになるまで撹拌する。

◎ホウレン草のソテー
材料
ホウレン草……1把
ニンニクのオイル漬け*……大さじ2
ベーコン……適量
オリーブ油……30mℓ
塩、コショウ
＊ニンニク（みじん切り）をサラダ油に漬けたもの。

1　ホウレン草は塩を加えた湯で下茹でし、水気を切る。
2　オリーブ油をひいたフライパンでニンニクのオイル漬けとベーコンを炒め、ニンニクが軽く色づいたら1を加えて炒め合わせ、塩、コショウで味を調える。

トラットリア・バール　イル ギオットーネ

◎サルサヴェルデ
材料
イタリアンパセリ……100g
フィレアンチョビ……2枚
茹で卵の黄身……1個分
ケイパー……15g
ニンニク……1/2片
白ワインヴィネガー……適量
EVオリーブ油……100mℓ
松の実……10g

1　すべての材料をミキサーに入れ、なめらかになるまで撹拌する。

◎ペースト・ジェノヴェーゼ
材料
バジル……80g
ニンニク……1/2片
松の実……10g
EVオリーブ油……100mℓ

1　すべての材料をミキサーに入れ、なめらかになるまで撹拌する。

◎うまみブロード
材料
昆布……適量
生ハム……適量
白ネギ……適量
鶏手羽先……適量
鶏セセリ肉……適量
水……適量

1　すべての材料を鍋に入れ、水をたっぷりはって煮出す。十分に味が出たら漉す。

◎バーニャカウダソース
材料
ニンニク（芯を取ったもの）……800g
フィレアンチョビ……100g
EVオリーブ油……100mℓ

1　鍋にニンニクを入れ、ひたひた程度に牛乳（分量外）を加えて茹でこぼす。これを3回行う。
2　フードプロセッサーに1のニンニク、フィレアンチョビ、EVオリーブ油を入れ、なめらかになるまで撹拌する。

日仏食堂 トロワ

◎ソミュール液
材料
白ワインヴィネガー……60㎖
グレープシードオイル……60㎖
レモン汁……1.5個分
コリアンダーシード……10粒
タイム……1枝
上白糖……40g
塩……12g

1 材料をすべて混ぜ合わせる。

◎タルト生地
材料
薄力粉……450g
強力粉……450g
グラニュー糖……大さじ2
塩……大さじ1
バター（きざむ）……450g
溶き卵……3個分
卵白……1個分

1 薄力粉、強力粉、グラニュー糖、塩を合わせてふるい、バターとともにフードプロセッサーに入れ、撹拌する。
2 ボウルに、1、溶き卵、卵白を入れてしっかりとこね、ひとまとめにして冷蔵庫に1時間おく。
3 2を192gに分割し、それぞれ厚さ1mmほどに薄くのばして直径20cmのタルト型に敷き詰める。200℃のオーブンで30分焼く。

◎トマトのフォンダン
材料
ホールトマト（種を取り除く）……200g
玉ネギ（みじん切り）……100g
エシャロット（みじん切り）……50g
タイム……1枝
砂糖……大さじ1
塩……小さじ1
オリーブ油

1 オリーブ油をひいた鍋で玉ネギ、エシャロットを炒める。香りが立ってきたら、ホールトマト、タイム、砂糖、塩を加え、水っぽさがなくなるまで弱火で煮る。タイムを取り除く。

◎ニンニクのコンフィ
材料
ニンニク……2株
オリーブ油

1 ニンニクを皮付きのまま鍋に入れ、かぶるくらいにオリーブ油を注ぎ、弱火で1時間30分ほど煮る。

◎カルパッチョ用サラダ
材料
赤玉ネギ……1個
ニンジン……適量
水菜……3束
コリアンダーの葉……2束分
ドレッシング（下記）……適量

1 赤玉ネギは縦に半分に切り、繊維にさからって薄切りにする。流水に10分以上さらす。
2 ニンジンはせん切り、水菜は長さ4cmに切る。これと1、コリアンダーの葉を合わせ、水にさらす。水気を切る。
3 2をドレッシングで和える。

◎ドレッシング
材料
グレープシードオイル……30㎖
ショウガ（スライス）……10g
ニンニクのコンフィ（上記）……1片
フィレアンチョビ……1枚
レモン汁……50㎖
ナンプラー……30㎖
ハチミツ……10g
塩……6g

1 鍋にグレープシードオイルとショウガを入れ、ごく弱火にかける。香りが立ってきたらショウガを取り除く。
2 1をミキサーに移し、残りの材料を加え、なめらかになるまで撹拌する。

◎フォン・ブラン
材料
鶏ガラ……4kg
牛スジ……2kg
ニンジン……1.5本
玉ネギ……2個
エシャロット……2個
セロリ……3本
セロリの葉……適量
クローブ……適量
タイム……適量
粒黒コショウ……適量
水……12ℓ

1 鶏ガラと牛スジは、それぞれ掃除して水にさらす。
2 鍋に分量の水を入れ、1を加えて火にかける。沸いたら、その他の材料をすべて加え、4時間煮る。途中、浮いたアクと油をこまめに取り除く。漉す。

◎フォン・ド・ヴォー
材料
牛骨……4kg
牛スジ……4kg
トマト……2個
ニンジン……1.5本
玉ネギ……2個
エシャロット……2個
セロリ……3本
セロリの葉……適量
クローブ……適量
タイム……適量
粒黒コショウ……適量
フォン・ブラン（上記）……2ℓ
水……18ℓ＋適量

1 牛骨と牛スジは220℃のオーブンで1時間30分焼き、余分な脂を落とす。
2 鍋に、1、フォン・ブラン、水（18ℓ）を入れて沸かす。浮いたアクと油を取り除き、その他の材料をすべて加え、6時間煮る。冷まして1晩おく。
3 水位が前日の煮始めと同じになるまで水（適量）を足し入れ、6時間煮る。漉す。

◎夏野菜の煮込み
材料
ピーマン……3個
ナス……3本
ズッキーニ……1本
赤・黄パプリカ……各1個
ニンニク……1片
玉ネギ（みじん切り）……1/2個
ホールトマト……300g
オリーブ油、塩

1 ピーマン、ナス、ズッキーニ、パプリカ2種はそれぞれ一口大に切り、オリーブ油をひいたフライパンで炒め、塩をふる。
2 鍋にオリーブ油とニンニクを入れて火にかけ、香りが立ってきたら玉ネギを加えてよく炒める。ホールトマト、塩を加え、半量になるまで煮詰める。
3 **2**に**1**を加えて5分煮る。塩で味を調える。粗熱をとって味をなじませる。

バール タッチョモ

◎鶏のブロード
材料
鶏ガラ……適量
玉ネギ……適量
ニンジン……適量
セロリ……適量
水……適量

1 鶏ガラは200℃のオーブンで15〜20分焼く。焼き色が足りなければバーナーであぶる。
2 鍋に**1**、玉ネギ、ニンジン、セロリを入れ、水から煮出す。途中、こまめにアクをひく。十分に味が出たら、漉す。

◎ラビオリ生地
材料
卵黄……4個分
セモリナ粉……200g
小麦粉（00粉*）……100g
EVオリーブ油……10mℓ
塩
＊イタリア産の小麦粉。

1 ボウルにすべての材料を入れ、しっかりとこねる。ラップフィルムで包み、冷蔵庫に1晩おく。
2 パスタマシンで長方形に薄くのばす。

バル デ エスパーニャ ペロ

◎カブラレスソース
材料
カブラレスチーズ*……100g
生クリーム……300g
カベルネヴィネガー……30g
塩……8g
グラニュー糖……7g
＊スペイン北部でつくられる山羊、羊、牛などの乳を用いた青カビチーズ。

1 カブラレスチーズは電子レンジで温めてやわらかくする。
2 鍋に生クリームの半量とカベルネヴィネガーを入れて温め、**1**を加えて溶かす。残りの生クリームを加えて再度温め、なじんだら塩、グラニュー糖で味を調える。漉してボウルに移し、氷水にあてて冷やす。

◎マリナーラソース
材料
むきエビ……65g
トマト（種を取る）……2個
玉ネギ（スライス）……100g
ニンジン（スライス）……80g
セロリ（スライス）……30g
ポワロー（スライス）……40g
米……40g
ピメントピキージョ*1……7個
サフラン……少量
コロランテ*2……少量
ローリエ……1枚
オールスパイス……少量
ブランデー……少量
フュメ・ド・ポワソン（P.220）……300mℓ
水……600mℓ
ニンニクオイル（P.220）……40mℓ
オリーブ油、塩、コショウ
＊1 赤ピーマンの缶詰。スペイン製。
＊2 トウモロコシからつくる色粉。

1 フライパンにオリーブ油をひき、むきエビを炒め、色が変わってきたらざく切りにしたトマトを加えてさらに炒める。火が通ったらブランデーを入れ、アルコール分を飛ばす。
2 鍋にニンニクオイルを入れ、玉ネギ、ニンジン、セロリ、ポワローをしんなりするまで炒める。フュメ・ド・ポワソンと水を加えて沸かす。
3 **2**の鍋に**1**、米、ピメントピキージョ、サフラン、コロランテ、ローリエ、オールスパイスを加え、沸いたらアクをすくい、30〜40分ほど煮る。
4 ローリエを取り出し、温かいうちにミキサーに移し、なめらかになるまで撹拌する。漉して塩、コショウで味を調える。

富士屋本店ワインバー

◎ニンニクオイル
材料
ニンニク（横半分に切る）……7株
オリーブ油……3ℓ

1 鍋にオリーブ油とニンニクを入れ、弱火でニンニクがこんがりと色づくまで煮る。漉す。

◎フュメ・ド・ポワソン
材料
タイのアラ……適量
玉ネギ……適量
ニンジン……適量
セロリ……適量
パセリの茎……適量
ローリエ……適量
粒黒コショウ……適量
水……適量
オリーブ油

1 鍋にオリーブ油をひき、玉ネギ、ニンジン、セロリを炒める。しんなりしてきたらタイのアラを入れ、骨まわりの肉に火が通るまで炒める。
2 1に水をひたひたに加え、パセリの茎、ローリエ、粒黒コショウを加え、沸かす。アクをひき、30〜40分煮る。漉す。

◎フォン・ド・セルド
材料
豚ロース骨……6kg
豚足……6本
牛スジ……適量
玉ネギ……3個
セロリ……2本
ニンジン……2本
ニンニク（横半分に切る）……適量
トマトペースト……30g
水……18〜20ℓ
オリーブ油

1 豚ロース骨、豚足、牛スジは、180℃のオーブンで約1時間焼き、余分な脂を落とし、しっかりと焼き色をつける。
2 玉ネギ、セロリ、ニンジンは、適当な大きさに切る。ニンニクとともにオリーブ油をひいたフライパンに入れ、香りが立つまでさっと炒める。
3 鍋に1、2、トマトペースト、水を入れて煮る。十分に味が出たら漉して鍋に戻す。
4 弱火にかけて煮詰め、再び漉す。これを2回ほど繰り返し、5ℓ程度になるまで煮詰める。この工程の加熱時間はトータルで8〜10時間が目安。

◎魚介のだし
材料
オマールエビの頭……0.5kg
切りガニ*1……0.5kg
ニョラ*2……正味120g
タイのアラ……2kg
ホールトマト……1.2ℓ
ニンニク（横半分に切る）……4株
水……30ℓ
オリーブ油……750㎖
塩……200g
サラダ油

*1 渡りガニをぶつ切りにしたもの。
*2 赤ピーマンを乾燥させたもの。スペイン製。

1 オマールエビの頭と切りガニは、180℃のオーブンでこんがりと焼く。ニョラは半割りにしてヘタと種を取り除き、170℃のサラダ油で色が濃くなるまで揚げ、細かく砕く。
2 鍋に水、タイのアラ、ホールトマトを入れて沸かし、アクをひく。1を加え、弱火で煮る。
3 フライパンにオリーブ油とニンニクを入れて加熱し、香りが立ってきたら油ごと2の鍋に移し、塩を加えて弱火で1時間30分ほど煮る。漉す。

◎アイオリソース
材料
卵黄……10個分
ニンニク……80g
レモン汁……30㎖
オリーブ油……1.5ℓ
塩……10g

1 卵黄とニンニクはフードプロセッサーに入れ、ピュレ状になるまで撹拌する。
2 1にレモン汁、オリーブ油、塩を加え混ぜる。

◎アサリのだし
材料
アサリ……2kg
水……3ℓ

1 砂抜きしたアサリと水を鍋に入れて沸騰させる。アサリの殻が開いたら、漉して別の鍋に移し、1/3量まで煮詰める。

◎バーニャカウダソース
材料
ニンニク……200g
フィレアンチョビ……100g
カイエンペッパー……少量
コショウ……7g
オリーブ油……150㎖
白ワイン……100㎖
生クリーム……400㎖

1 ニンニクは薄皮をむき、フィレアンチョビ、カイエンペッパー、コショウ、オリーブ油とともに火にかける。途中で白ワインを加えてアルコール分を飛ばす。
2 全体に火が入ったら、ミキサーに移して生クリームを加えながら撹拌する。

◎鶏のブイヨン
材料
鶏ガラ……3kg
鶏モモ肉（骨付き、ぶつ切り）……2kg
ニンジン（1/4程度に切る）……1本
玉ネギ（1/4に切る）……2個
セロリ（1/3程度に切る）……2本
タイム……10枝
ローリエ……2〜3枚
粒黒コショウ……20粒
クローブ……3粒
水……10ℓ

1 鶏ガラと鶏モモ肉は流水で洗い、血などを落とし、水気を拭き取る。
2 1と水を鍋に入れて強火にかける。沸騰したらアクをすくう。
3 野菜とスパイス類を入れて再度沸騰させる。アクをひいたら弱火にし、6時間ほど煮出す。漉す。

◎ニンニクオイル
材料
ニンニク（みじん切り）……15片
オリーブ油……300ml
1 フライパンにオリーブ油とニンニクを入れ、強火にかける。ニンニクが色づいてきたら火からおろし、そのまま冷ます。漉す。

◎イチジクの赤ワインソース
材料
ドライイチジク……30g
赤ワイン（アルコール分を飛ばす）……30ml
ルビーポート（アルコール分を飛ばす）……30ml
塩
1 材料をすべてミキサーに入れ、撹拌する。

◎トマトソース
材料
ホールトマト……400g
ニンニク（みじん切り）……2片
玉ネギ（みじん切り）……1/2個
オリーブ油……10ml
1 オリーブ油とニンニクをフライパンに入れ、香りが立つまで中火で炒める。
2 玉ネギを加え、透き通ってくるまで弱火で炒める。
3 ホールトマトを加え、中火で10分ほど煮る。

フリーゴ

◎トマトソース
材料
ホールトマト……2.55kg
玉ネギ（くし形切り）……1/4個
ニンニク（つぶす）……1片
パセリまたはイタリアンパセリの茎……1枝
オリーブ油……30〜45ml
塩
1 ホールトマトはシノワで漉す。
2 鍋に1を入れ、軽く塩をし、その他の材料を加えて火にかける。10〜15分、軽く煮立てる。

◎鶏レバーペースト
材料
鶏レバー……2kg
ニンニク（みじん切り）……1片
玉ネギ（スライス）……2個
セージ……5〜6枚
フィレアンチョビ（ほぐす）……3枚
ケイパー……大さじ1
バター……20g
白ワイン……150ml
ブランデー……50ml
生ハムの骨でとったブロード*……200ml
オリーブ油、塩、コショウ
*生ハムの骨をぶつ切りにし、香味野菜（ニンジン、玉ネギ、セロリ、ローリエ各適量）とともにたっぷりの水で煮出したもの。
1 鶏レバーは血の塊などを取り除き、1晩牛乳（分量外）にひたす。
2 1のレバーを水で洗い、水気を拭き取る。
3 フライパンにオリーブ油をひき、ニンニク、玉ネギ、セージを炒める。玉ネギがしんなりしたら、2のレバー、フィレアンチョビ、ケイパー、バターを加え、さらに炒める。
4 レバーの色が変わったら、白ワインとブランデーを加え、アルコール分を飛ばす。生ハムの骨でとったブロードを注ぎ、しばらく煮込んでレバーに火を通す。
5 粗熱をとった後、フードプロセッサーにかけてペースト状にし、塩、コショウで味を調える。パスタソースに利用する他、パンにぬってもよい。

ポキート

◎シードラのジュレ
材料
シードラ*……250ml
リンゴ酢……30ml
グラニュー糖……25g
板ゼラチン……4.5g
塩
*スペインのリンゴ発泡酒。フランスのシードルと同様のもの。
1 鍋で板ゼラチン以外の材料を温め、塩で味を調える。水でもどした板ゼラチンを加えて溶かす。
2 バットにあけて、冷やしかためる。

◎ピクルス
材料
ニンジン、赤・黄パプリカ、赤玉ネギ、ミョウガ、キュウリ、山イモ……各適量
マリネ液
　米酢……100ml
　シェリーヴィネガー……50ml
　水……200ml
　塩……大さじ1/2
　砂糖……50g
　コリアンダー（ホール）……適量
　粒黒コショウ……適量
　赤唐辛子……1本
　ローリエ……2枚
塩、ピンクペッパー（ホール）
1 野菜は適当な大きさに切り、塩をふる。水分が出たら拭き取り、1種類ずつ分けて保存容器に入れる。
2 マリネ液の材料を鍋で沸かし、1の容器に分け入れる。最低でも1晩漬ける。
3 盛り付け時に、ピンクペッパーを散らす。

◎ヴィネガー風味の
　ポテトチップス
材料
ジャガイモ……適量
シェリーヴィネガー……適量
イタリアンパセリ（みじん切り）……適量
塩、揚げ油*
*オリーブ油とサラダ油を混ぜたもの。
1 ジャガイモはスライスし、180℃の揚げ油でかりっと揚げる。
2 油を切り、シェリーヴィネガー、塩、イタリアンパセリをふりかける。

マル 2階

◎茹でたトリッパ
材料
トリッパ（牛第二胃）……1kg
A
　玉ネギ（乱切り）……1個
　ニンジン（厚い輪切り）……1/2本
　セロリ（乱切り）……1/4本
　ニンニク（半割り）……1片
　ローリエ……2枚
　パセリの茎……適量
　塩、粒黒コショウ……各適量
白ワイン……100㎖
水……適量

1　トリッパは、塩を加えたたっぷりの水で茹でる。しばらく沸騰させた後、引き上げる。
2　鍋を洗い、1のトリッパとAの材料を入れる。水をかぶるくらいに注ぎ、白ワインを加え、火にかける。アクをすくいながら、トリッパに歯ごたえが残る程度に茹でる。
3　茹で汁から引き上げ、冷蔵保存する。

◎トマトソース
材料
ホールトマト……2.55kg
玉ネギ（みじん切り）……2〜3個
ローリエ……2枚
水……約500㎖
オリーブ油、塩

1　ホールトマトはシノワで漉す。
2　鍋にオリーブ油をひいて玉ネギを炒める。甘みが十分に出たら、1、水、ローリエを加え、軽く塩をする。沸騰したらアクをひき、くつくつと20分煮る。

◎鴨フォワグラの冷凍テリーヌ
材料
鴨のフォワグラ……1kg
塩……13g
砂糖……3g
コショウ……少量
マルサラ酒＊……30㎖
シェリーブランデー……30㎖
＊イタリア・シチリア産の酒精強化ワイン。甘口。

1　鴨のフォワグラは血管や血の塊などを取り除く。塩、砂糖、コショウをふり、マルサラ酒とシェリーブランデーをまわしかけ、冷蔵庫に1晩おく。
2　1をテリーヌ型にすき間なく詰める。
3　湯煎にして、150℃のオーブンで加熱する。芯温が40℃になったら取り出す。
4　常温で冷まし、軽めの重しをのせ、冷蔵庫で完全に冷やした後、冷凍する。

◎ドレッシング
材料
玉ネギ（乱切り）……150g
エストラゴン……適量
リンゴ酢……360㎖
水……720㎖
A
　玉ネギ……150g
　ニンニク……5片
　マスタード……大さじ3
　塩……30g
サラダ油……2.16ℓ

1　鍋に玉ネギ、エストラゴン、リンゴ酢、半量の水を入れて火にかける。ほどよく煮詰まったら残りの水を加え、ひと煮立ちさせる。
2　1をミキサーに移し、Aの材料を加え、サラダ油を細くたらしながら撹拌する。

◎マリネ液
材料
トマトペースト……350g
レモン汁……100㎖
オイスターソース……70㎖
タバスコ……60g
ニンニク（スライス）……60g
ショウガ（すりおろす）……40g
砂糖……40g
ガラムマサラ……40g
ターメリック……10g
タイム……適量
濃口醤油……少量
オリーブ油……550g

1　材料をすべて混ぜ合わせる。

◎豚バラ肉の煮込み
材料
豚バラ肉（ブロック）……4〜5kg
玉ネギ（ざく切り）……6個分
ニンジン（ざく切り）……4本分
長ネギ……1本
ショウガ……1kg
ニンニク……5株
だし＊……約3.5ℓ
サラダ油、砂糖、塩、コショウ
＊ブイヨン3ℓ、濃口醤油360㎖、砂糖300〜400gを合わせたもの。

1　豚バラ肉は適当な大きさに切り、片面に強めに塩、コショウをふり、フライパンで焼いて余分な脂を落とす。
2　サラダ油をひいた鍋で玉ネギとニンジンを炒め、砂糖以外の残りの材料と1を加え、1時間20分〜1時間40分煮て、1晩おく。
3　肉を取り出し、煮汁は漉した後に砂糖を加えて煮詰め、冷ましてとりおく。

三鷹バル

◎自家製アンチョビ
材料
カタクチイワシ……適量
オリーブ油、塩

1　カタクチイワシは頭を落とし、腹を開いて内臓を取り除く。塩を敷いたところに並べ、上から塩で覆って塩漬けにし、常温で1ヵ月おく。
2　当日使う分を取り出して骨を除き、フィレにした後、オリーブ油にひたして冷蔵庫に入れておく。
3　残りのイワシも3ヵ月ほどはそのまま常温で熟成させる。それ以降は、2のようにフィレにして油にひたし、冷蔵庫で保存する。
＊仕込みは毎年1月に行う。冬の間はフレッシュなアンチョビをそのまま提供し、熟成がすすんで塩味が強くなってきたらポテトサラダなどに調味料的に使う。

◎魚のだし
材料
タイの頭……2尾分
ニンジン（2〜3cm角に切る）……1本
玉ネギ（2〜3cm角に切る）……1個
セロリ（2〜3cm角に切る）……1本
パセリの茎……適量
ローリエ……適量
粒黒コショウ……適量
水……適量
塩

1　タイの頭は流水にあてて、血や汚れなどを洗い流す。
2　1と野菜、香味材料と塩を鍋に入れ、ひたひたになる程度に水を加える。強火にかけ、沸騰したら弱火にしてアクをひきながら30分ほど煮出す。漉す。

リンコン カタルーニャ

◎パセリオイル
材料
パセリ……適量
ニンニク……適量
EVオリーブ油、塩

1　すべての材料をミキサーに入れ、なめらかになるまで攪拌する。

◎アイオリソース
材料
マヨネーズ……1kg
ニンニク（すりおろす）……6片
レモン汁……1/2個分
塩

1　すべての材料を混ぜ合わせる。

◎魚介のブイヨン
材料
オマールエビの頭……2kg
白身魚のアラ……2kg
玉ネギ（スライス）……2個
ニンジン（スライス）……2本
セロリ（スライス）……2本
ホールトマト（つぶす）……2.25kg
ローリエ……2枚
サフラン……1つまみ
水……20ℓ
オリーブ油、塩

1　オマールエビの頭は半割りにして天板に並べ、230℃のオーブンで焼き色がつくまで焼く。オマールエビの頭を取り出し、天板に水（分量外）を入れ、こびりついたうまみをこそぎ取る（焼き汁）。
2　鍋にオリーブ油をひき、玉ネギ、ニンジン、セロリを入れ、香りが立つまで炒める。白身魚のアラを加えて焼き色がつく程度に炒める。
3　2に1のオマールエビの頭と焼き汁、ホールトマト、ローリエ、サフラン、水、塩を加え、4時間煮る。漉す。

◎ベシャメルソース
材料
薄力粉……60g
バター……60g
牛乳……1.5ℓ
ナツメグ……適量
塩

1　鍋に薄力粉とバターを入れてしっかりと炒め、温めた牛乳を加える。
2　木ベラで底をあたりながら加熱し、クリーム状になったらナツメグをふり、塩で味を調える。

◎パンのガレット
材料
パン……60g
生クリーム……20㎖
サラダ油、塩、コショウ

1　パンをミキサーにかけてパン粉にし、そこに生クリームと塩、コショウを加え混ぜる。
2　フライパンにサラダ油をひいて火にかけ、セルクルをのせ、そこに1の生地を流し入れる。底の面がかたまり、焼き色がついたら、セルクルをはずして生地を返し、もう一方の面も焼く。

◎野菜とイカゲソの煮込み
材料
ピーマン……8個
赤パプリカ……2個
ニンニク（スライス）……10片
玉ネギ（みじん切り）……6個
紋甲イカのゲソ（一口大に切る）……4kg
ホールトマト……2.25kg
パプリカパウダー＊……大さじ6
オリーブ油、塩
＊燻製香のあるもの。

1　ピーマンと赤パプリカは、オリーブ油をひいたフライパンでしんなりするまで炒める。
2　鍋にオリーブ油とニンニクを入れて弱火にかけ、ニンニクの香りが立ってきたら玉ネギを加え、玉ネギが飴色になるまで炒める。
3　紋甲イカのゲソを加えて炒め、焼き色がついたらホールトマトを加え、木ベラでつぶしながら煮る。
4　1とパプリカパウダー、塩を加え、4〜5時間煮る。水っぽさがなくなるまで煮詰め、火からおろして冷ます。

材料別索引

*頁数が「,」をはさんで2つある場合は
　左が写真、右がレシピ掲載頁

[あ]

アイヨリソース（アイオリソース）
　アイヨリソース（アリオリソース）　215／217／220／223
　いか墨のメロッソ　199, 201
　カサゴのパテ　97, 99
　魚介のパエリア　198, 200
　小いものフリット ブラバスソース添え　76, 78
　こだわり卵のスパニッシュオムレツ　72, 74
　フィデウア　199, 201
　ほくほく里いものアイヨリソースがけ　13, 15

赤ワインソース
　赤ワインソース　215
　イチジクの赤ワインソース　221
　熟成シンタマとハラミの炭火ロースト　176, 178
　フォワグラと穴子のテリーヌ　97, 99

アサリ
　アサリごはん　203, 205
　アサリのだし　220
　アサリのマリナーラ風　104, 106
　活浅蜊のココット蒸し　104, 106
　魚介とキャベツソースのパンタッチェ　207, 209
　魚介のパエリア　198, 200
　塩だらとホワイトアスパラのサルサヴェルデ　169, 170

アーティチョーク
　スズキのソテー リビエラソース　172, 174

アナゴ
　フォワグラと穴子のテリーヌ　97, 99

アボカド
　アボカドと魚介のサラダ　26, 28
　アボカドとトマトのヤキレーゼ　35, 37
　マグロ、アボカド、トマトのわさび揚げ　108, 110

甘酒
　サーモンのパリッと焼き、甘酒ソース　172, 174

アーモンド
　鶏の煮込み　143, 144
　ナツメヤシのベーコン巻き　17, 19

アンチョビ
　アンチョビポテト　13, 15
　オリーブとアンチョビのピッツァ　65, 67
　カナッペ オリーブとアンチョビ　61, 63
　カンタブリア産極上アンチョビ　16, 18
　季節の野菜とアンチョビクリームディップ　30, 32
　ごぼうとドライトマト　13, 15
　ピーマンとアンチョビのピンチョス　60, 62
　フリットオリーブ　38, 40
　フレッシュマッシュルームの
　　アンチョビガーリックオイルがけ　22, 24
　ミックスコカ　68, 70
　茹で卵とアンチョビ　16, 18

アンディーヴ
　アンディーブのサラダ　23, 25
　産地直送 新鮮野菜のバーニャカウダソース　30, 32

[い]

イカ
　アボカドと魚介のサラダ　26, 28
　いか墨のメロッソ　199, 201
　魚介のサルピコン　96, 98
　魚介のパエリア　198, 200
　フィデウア　199, 201
　ほたるいかと菜の花のアヒージョ　112, 114
　ほたるいかと春野菜のサラダ　26, 27

イカ墨
　いか墨のメロッソ　199, 201

イサキ
　採れたてのお魚とお野菜たっぷりの炭火焼き　168, 170

イチゴ
　あぶり上ミノとハーブのサラダ　26, 28

イチジク
　イチジクの赤ワインソース　221
　ドライいちじくのラム酒漬け　12, 14

イワシ
　イワシ入りオムレツ　72, 74
　自家製アンチョビ　223
　自家製オイルサーディン　214
　スペイン産小いわしのマリネ　92, 94
　ヒコイワシのマリネ　96, 98
　真いわしの鉄板焼き　169, 171

[う]

ウサギ肉
　ウサギの煮込み　185, 186
　ウサギのビール煮込み　146, 148

ウナギ
　ウナギのライスバーガー　101, 103

ウニ
　うにのプリン　92, 94
　ガスパチョ 海の幸を添えて　34, 36

[え]

エビ
　アボカドと魚介のサラダ　26, 28
　アンダルシア風かき揚げ　109, 111
　エビとアスパラの平たいオムレツ　72, 74

貝とえびの塩ゆで　92, 94
　ガスパチョ　海の幸を添えて　34, 36
　魚介とキャベツソースのパンタッチェ　207, 209
　魚介のサルピコン　96, 98
　魚介のパエリア　198, 200
　車えびのにんにくオイル煮　112, 114
　桜海老のガレット　109, 111
　フリットミックス　108, 110
　マリナーラソース　219

[お]
オリーブ
　オリーブとアンチョビのピッツァ　65, 67
　オリーブフリット　38, 40
　オリーブマリネ　12, 14
　カナッペ　オリーブとアンチョビ　61, 63
　トマトの黒オリーブあえ　30, 32
　フリットオリーブ　38, 40
オレンジ、オレンジジュース
　鴨胸肉のブレザオラとモスタルダ　127, 129
　さつまいものオレンジ煮（マーマレード風味）　13, 15

[か]
カキ
　牡蠣のムニエル　109, 111
カサゴ
　カサゴのパテ　97, 99
カツオ
　鰹とコリアンダーのカルパッチョ　93, 95
カニ
　カニのクレープ包み　100, 102
カニかまぼこ
　かにカマサラダのピンチョス　60, 62
カブ
　カブのロースト　39, 41
　産地直送　新鮮野菜のバーニャカウダソース　30, 32
亀の手
　魚介とキャベツソースのパンタッチェ　207, 209
鴨肉
　鴨のコンフィとキノコのソテー　134, 136
　鴨のソーセージ　130, 132
　鴨胸肉のブレザオラとモスタルダ　127, 129
　シャラン鴨のグリル　フォワグラの香り
　　キューバリブレのソース　177, 179
　茄子と鴨のラグーのモッツァレラグラタン　42, 44
鴨のフォワグラ
　鴨フォワグラの冷凍テリーヌ　222
　シャラン鴨のグリル　フォワグラの香り
　　キューバリブレのソース　177, 179
　フォワグラと穴子のテリーヌ　97, 99
カラシ菜
　あぶり上ミノとハーブのサラダ　26, 28

ガーリックマヨネーズ
　ガーリックマヨネーズ　216
　コールスロー　22, 24
　とん平焼き　73, 75
カレー粉、カレールー
　おつまみピッツァ　カレー風味　65, 67
　カレードリア　202, 204
　ひよこ豆とソーセージのカレー風味チリビーンズ　43, 45
　リゾットカレー　202, 205

[き]
キノコ
　いろいろキノコのクミン風味　38, 40
　鴨のコンフィとキノコのソテー　134, 136
　きのこのマリネ　17, 19
　産地直送　新鮮野菜のバーニャカウダソース　30, 32
　じゃがいもとポルチーニのコロッケ　76, 78
　スズキのソテー　リビエラソース　172, 174
　トリッパのソテー　135, 137
　フレッシュマッシュルームの
　　アンチョビガーリックオイルがけ　22, 24
　マッシュルームの生ハム詰め焼き　38, 40
　目玉のオヤジ　155, 157
　ラムボール〜ポルチーニのクリーム煮〜　147, 149
　若鶏のレバーといろいろきのこのパテ　56, 58
キャベツ
　魚介とキャベツソースのパンタッチェ　207, 209
　コールスロー　22, 24
　とろとろ豚バラ肉ときゃべつのブカティーニ
　　エストラゴンの香り　206, 208
　芽キャベツのブレゼ　35, 37
牛スジ
　一押しもつ煮こみ　154, 156
牛内臓
・胃、腸（ミノ、トリッパ、ギアラ、小腸、大腸）
　あぶり上ミノとハーブのサラダ　26, 28
　一押しもつ煮こみ　154, 156
　カジョスのグラタン　151, 153
　トリッパのソテー　135, 137
　フィレンツェ風トリッパのトマト煮込み　150, 153
　ミノの煮込み　150, 152
・タン
　和牛タンの煮込み　マルサラワインソース　184, 186
・ハツ
　牛ハツのスモークと葉ニンニクのソテー　177, 179
牛肉
　カネロニ　155, 157
　カレードリア　202, 204
　牛肉の自家製ハム　127, 128
　牛バラ肉の赤ワイン煮込み　142, 144
　熟成シンタマとハラミの炭火ロースト　176, 178
　ステーキフリット　176, 178
　スペイン風ミートボール　146, 148

短角牛のレアステーキ　176, 178
　　マッシュポテトと挽肉のグラタン　80, 81
キュウリ
　　ガスパチョ　34, 36
　　ガスパチョ　海の幸を添えて　34, 36
　　季節の野菜とアンチョビクリームディップ　30, 32
　　産地直送　新鮮野菜のバーニャカウダソース　30, 32
　　ピクルス　221
ギンナン
　　銀杏と砂ズリのガーリックオイル煮　154, 156

[く]
グァンチャーレ
　　おつまみピッツァ　グァンチャーレ　65, 67
　　じゃがいもとポルチーニのコロッケ　76, 78
　　トレヴィスとグァンチャーレのサラダ　23, 25
クスクス
　　アフリカンラムチョップ　180, 182
　　仔羊と夏野菜の煮込みとクスクス　185, 187
グリーンアスパラガス
　　エビとアスパラの平たいオムレツ　72, 74
クレープ
　　ヴィッテロ・トンナート　16, 18
　　カニのクレープ包み　100, 102
　　クレープ生地　214

[こ]
仔牛肉
　　ヴィッテロ・トンナート　16, 18
　　仔牛のミラノ風カツレツ　138, 140
コカ
　　ミックスコカ　68, 70
仔羊肉
　　アフリカンラムチョップ　180, 182
　　仔羊と夏野菜の煮込みとクスクス　185, 187
　　仔羊の煮込みソース　手打ちピチ　210, 212
　　乳飲み仔羊　唐辛子風味のチーズ焼き　180, 182
　　骨付き仔羊のソテー　カチャトーラ風　180, 182
　　ラムボール〜ポルチーニのクリーム煮〜　147, 149
ゴボウ
　　ごぼうとドライトマト　13, 15
　　根菜のピクルス　30, 32
米
　　アサリごはん　203, 205
　　いか墨のメロッソ　199, 201
　　ウナギのライスバーガー　101, 103
　　ガーリックライス　203, 205
　　カレードリア　202, 204
　　魚介のパエリア　198, 200
　　たこのメロッソ　199, 201
　　ライスコロッケ「アランチーノ」　202, 204

　　リゾットカレー　202, 205
　　レンズマメのパエジャ　198, 200
コーラ
　　シャラン鴨のグリル　フォワグラの香り
　　　キューバリブレのソース　177, 179
コリアンダー
　　鰹とコリアンダーのカルパッチョ　93, 95
コンニャク
　　こんにゃくのゴルゴンゾーラソース　39, 41

[さ]
サクランボ
　　ホワイトアスパラのガスパチョマリネ　31, 33
サツマイモ
　　根菜のピクルス　30, 32
　　さつまいものオレンジ煮（マーマレード風味）　13, 15
里イモ
　　ほくほく里いものアイヨリソースがけ　13, 15
サニーレタス
　　あぶり上ミノとハーブのサラダ　26, 28
サーモン、スモークサーモン
　　カサゴのパテ　97, 99
　　魚介のサルピコン　96, 98
　　サーモンのパリッと焼き、甘酒ソース　172, 174
サルサヴェルデ
　　サルサヴェルデ　217
　　塩だらとホワイトアスパラのサルサヴェルデ　169, 170
　　タコとじゃがいものサルサヴェルデ　13, 15
サルシッチャ→ソーセージ
サワークリーム
　　オリエンタルポテフリ　73, 75

[し]
塩ダラ→タラ
シシ唐
　　イベリコハムとポテト、しし唐　126, 128
　　パドロン　35, 37
シードラ
　　シードラのジュレ　221
　　トリ貝と筍の子、菜の花、シードラのジュレ和え　96, 98
ジャガイモ
　　アンチョビポテト　13, 15
　　イベリコハムとポテト、しし唐　126, 128
　　イワシ入りオムレツ　72, 74
　　オリエンタルポテフリ　73, 75
　　小いものフリット　ブラバスソース添え　76, 78
　　こだわり卵のスパニッシュオムレツ　72, 74
　　じゃがいもとブルーチーズのドフィノワ風グラタン　77, 79
　　じゃがいもとポルチーニのコロッケ　76, 78
　　ジャガイモ・生ハム・卵のエストレジャードス No.4　76, 78

タコとじゃがいものサルサヴェルデ　13, 15
　　蛸とジャガイモのトマト煮込み　112, 114
　　たらとじゃがいものフリット　108, 110
　　ヴィネガー風味のポテトチップス　221
　　マッシュポテト　216
　　マッシュポテトと挽肉のグラタン　80, 81
　　ロシア風ポテトサラダ　22, 24
シラウオ
　　釜あげしらうおのにんにく炒め　105, 107
シラス
　　スパゲティ しらすのシチリア風　206, 208
白インゲン豆
　　白インゲン豆と塩豚の煮込み　143, 145
　　焼きリボリータ　43, 45
　　吉田豚ロース炭火焼き　173, 175
白ネギ
　　白ねぎのマリネ　31, 33
白バイ貝
　　白バイ貝のハーブボイル　104, 106

[す]
スイートチリソース
　　オリエンタルポテフリ　73, 75
スズキ
　　スズキのソテー リビエラソース　172, 174
ズッキーニ
　　仔羊と夏野菜の煮込みとクスクス　185, 187
　　ズッキーニとベーコンのパニーノ　68, 69
　　ミックスコカ　68, 70
砂肝→鶏内臓
スナップエンドウ
　　ほたるいかと春野菜のサラダ　26, 27
スモークサーモン→サーモン

[せ]
セロリ
　　根菜のピクルス　30, 32

[そ]
ソーセージ
　　鴨のソーセージ　130, 132
　　サルシッチャのタネ　214
　　サルシッチャ・ホウレン草・
　　　リコッタチーズのロートロ　17, 19
　　自家製ソーセージ　64, 66／130, 132
　　ソーセージのピンチョス　60, 62
　　ひよこ豆とソーセージのカレー風味チリビーンズ　43, 45
ソフリット
　　ソフリット　215
空豆
　　空豆と生ハムのサラダ　16, 18

　　空豆のディップ　17, 19
　　空豆ムースのクロスティーニ　57, 59
　　ほたるいかと春野菜のサラダ　26, 27

[た]
タイ
　　魚介のサルピコン　96, 98
　　生ハムで締めた真ダイのカルパッチョ　93, 95
大豆
　　豆のサラダ　23, 25
タイラ貝
　　タイラ貝のカルパッチョ　93, 95
タケノコ
　　トリ貝と筍の子、菜の花、シードラのジュレ和え　96, 98
タコ
　　あぶりタコのガリシア風　105, 107
　　タコとじゃがいものサルサヴェルデ　13, 15
　　蛸とジャガイモのトマト煮込み　112, 114
　　タコのだし　215
　　たこのメロッソ　199, 201
　　フリットミックス　108, 110
だし
　　アサリのだし　220
　　魚介のだし　220
　　魚のだし　223
　　タコのだし　215
　　鶏のだし　216
卵
　　イワシ入りオムレツ　72, 74
　　エビとアスパラの平たいオムレツ　72, 74
　　釜あげしらうおのにんにく炒め　105, 107
　　こだわり卵のスパニッシュオムレツ　72, 74
　　自家製チーズ　57, 59
　　ジャガイモ・生ハム・卵のエストレジャードス No.4　76, 78
　　とん平焼き　73, 75
　　にんにくのスープ　39, 41
　　ハーブのプリン ゴルゴンゾーラソース　73, 75
　　目玉のオヤジ　155, 157
　　茹で卵とアンチョビ　16, 18
玉ネギ
　　ガスパチョ　34, 36
　　ガスパチョ 海の幸を添えて　34, 36
　　新玉ねぎのリピエネ　16, 18
　　玉葱のキッシュ　42, 44
　　ピクルス　221
　　ミックスコカ　68, 70
　　焼き野菜のマリネ　12, 14
　　焼きリボリータ　43, 45
タラ
　　塩タラとトマトのサラダ　23, 25
　　塩だらとホワイトアスパラのサルサヴェルデ　169, 170
　　たらとじゃがいものフリット　108, 110

タルト
    玉葱のキッシュ　42, 44
    タルト生地　218

[ち]
稚アユ
    稚鮎のフリット　108, 110
チーズ
  ・カブラレスチーズ
    アンディーブのサラダ　23, 25
    カブラレスソース　219
  ・クリームチーズ
    チキンとクリームチーズのラビオリ　211, 213
    若鶏のレバーといろいろきのこのパテ　56, 58
  ・ゴーダチーズ
    カナッペ　ゴーダチーズとサラミ　61, 63
  ・ゴルゴンゾーラチーズ
    ゴルゴンゾーラとハチミツのピッツァ　65, 67
    こんにゃくのゴルゴンゾーラソース　39, 41
    ハーブのプリン　ゴルゴンゾーラソース　73, 75
  ・チェダーチーズ
    カジョスのグラタン　151, 153
  ・唐辛子入りのペコリーノチーズ
    乳飲み仔羊　唐辛子風味のチーズ焼き　180, 182
  ・パルミジャーノ・レッジャーノ
    自家製チーズ　57, 59
    チキンとクリームチーズのラビオリ　211, 213
    トレヴィスとグァンチャーレのサラダ　23, 25
    ハーブのプリン　ゴルゴンゾーラソース　73, 75
  ・フェタチーズ
    カラブリア風山羊のチーズとトマトの温製　77, 79
  ・ブルーチーズ
    じゃがいもとブルーチーズの
      ドフィノワ風グラタン　77, 79
  ・ミックスチーズ
    オリーブとアンチョビのピッツァ　65, 67
    カネロニ　155, 157
    カレードリア　202, 204
    とろーりチーズとバジルのカツレツ　138, 141
    とん平焼き　73, 75
    ひよこ豆とソーセージのカレー風味チリビーンズ　43, 45
  ・モッツァレラチーズ
    アボカドとトマトのヤキレーゼ　35, 37
    ズッキーニとベーコンのパニーノ　68, 69
    茄子と鴨のラグーのモッツァレラグラタン　42, 44
    ピッツァ　シチリアーナ　68, 69
    目玉のオヤジ　155, 157
    ライスコロッケ「アランチーノ」　202, 204
  ・リコッタチーズ
    サルシッチャ・ホウレン草・
      リコッタチーズのロートロ　17, 19
    新玉ねぎのリピエネ　16, 18
    空豆のディップ　17, 19

チャバタ→パン
チョリソー→ソーセージ
チリメンキャベツ
    焼きリボリータ　43, 45

[つ]
ツブ貝
    貝とえびの塩ゆで　92, 94
    ツブ貝とタケノコのソテー　105, 107
粒マスタード
    スペアリブのコンフィ　粒マスタードソース　181, 183

[て]
ディル
    あぶり上ミノとハーブのサラダ　26, 28
    ハーブのプリン　ゴルゴンゾーラソース　73, 75

[と]
トマト
    あぶり上ミノとハーブのサラダ　26, 28
    アボカドとトマトのヤキレーゼ　35, 37
    ガスパチョ　34, 36
    ガスパチョ　海の幸を添えて　34, 36
    カナッペ　生ハムとトマト　61, 63
    カラブリア風山羊のチーズとトマトの温製　77, 79
    ごぼうとドライトマト　13, 15
    産地直送　新鮮野菜のバーニャカウダソース　30, 32
    塩タラとトマトのサラダ　23, 25
    自家製ドライトマト　12, 14
    トマトソース　214／221／222
    トマトソーススパゲッティ　つけ麺風　211, 213
    トマトの黒オリーブあえ　30, 32
    トマトのフォンダン　218
    日本一のパンコントマテ　64, 66
    パンコントマテ　64, 66
    フィレンツェ風トリッパのトマト煮込み　150, 153
    プチトマトのピクルス　12, 14
    フリットオリーブ　38, 40
    フレッシュマッシュルームの
      アンチョビガーリックオイルがけ　22, 24
    ホワイトアスパラのガスパチョマリネ　31, 33
    マグロ、アボカド、トマトのわさび揚げ　108, 110
    ミックスコカ　68, 70

虎豆
    豆のサラダ　23, 25
トリ貝
    トリ貝と筍の子、菜の花、シードラのジュレ和え　96, 98
トリッパ→牛内臓
鶏軟骨
    自家製ソーセージ　130, 132
    なんこつのアーリオ・オーリオ　17, 19
鶏内臓
  ・砂肝
    銀杏と砂ズリのガーリックオイル煮　154, 156

砂肝の唐揚げ　138, 140
・ハツ
　　　鴨のソーセージ　130, 132
・レバー
　　　カネロニ　155, 157
　　　鶏白レバームースのクロスティーニ　56, 58
　　　鶏レバーときのこのペンネ　207, 209
　　　鶏レバーペースト　221
　　　吉田豚と鶏白レバーのパテ　131, 133
　　　レバーパテ　56, 58
　　　若鶏のレバーといろいろきのこのパテ　56, 58
鶏肉
　　　チキンとクリームチーズのラビオリ　211, 213
　　　鶏の煮込み　143, 144
　　　フライドチキン イタリアーノ！　138, 140
　　　骨付き焼き鶏　181, 183
　　　三笠会館伝統の味 鶏の唐揚げ　139, 141
　　　山うどと鶏肉 クミン風味のマヨネーズあえ　16, 18
　　　リゾットカレー　202, 205
トレヴィス
　　　あぶり上ミノとハーブのサラダ　26, 28
　　　トレヴィスとグァンチャーレのサラダ　23, 25
ドレッシング
　　　ドレッシング　216／218／222
　　　サルピコンソース　217
トンナートソース
　　　トンナートソース　214
　　　ヴィッテロ・トンナート　16, 18

[な]
長イモ
　　　長芋のコンフィ 粒マスタード風味　13, 15
ナス
　　　仔羊と夏野菜の煮込みとクスクス　185, 187
　　　茄子と鴨のラグーのモッツァレラグラタン　42, 44
　　　ナスのバルサミコマリネ 生ハムのせ　31, 33
　　　ミックスコカ　68, 70
　　　焼き野菜のマリネ　12, 14
ナツメヤシ
　　　ナツメヤシのベーコン巻き　17, 19
菜の花
　　　トリ貝と筍の子、菜の花、シードラのジュレ和え　96, 98
　　　はまぐりとホワイトアスパラの白ワイン蒸し　105, 107
　　　ほたるいかと菜の花のアヒージョ　112, 114
　　　ほたるいかと春野菜のサラダ　26, 27
ナポリサラミ
　　　カナッペ ゴーダチーズとサラミ　61, 63
生ハム
　　　イベリコハムとポテト、しし唐　126, 128
　　　カナッペ 生ハムとトマト　61, 63
　　　カブのロースト　39, 41
　　　ジャガイモ・生ハム・卵のエストレジャードス No.4　76, 78
　　　空豆と生ハムのサラダ　16, 18
　　　ナスのバルサミコマリネ 生ハムのせ　31, 33
　　　生ハムコロッケ　77, 79
　　　生ハムで締めた真ダイのカルパッチョ　93, 95
　　　フリットオリーブ　38, 40
　　　マッシュルームの生ハム詰め焼き　38, 40
　　　ミックスコカ　68, 70

[に]
ニンジン
　　　季節の野菜とアンチョビクリームディップ　30, 32
　　　根菜のピクルス　30, 32
　　　ピクルス　221
ニンジン菜
　　　あぶり上ミノとハーブのサラダ　26, 28
ニンニク
　　　カナッペ ガーリックトースト　61, 63
　　　釜あげしらうおのにんにく炒め　105, 107
　　　ガーリックライス　203, 205
　　　銀杏と砂ズリのガーリックオイル煮　154, 156
　　　車えびのにんにくオイル煮　112, 114
　　　ニンニクのコンフィ　218
　　　にんにくのスープ　39, 41
　　　ニンニクマスタード　215
　　　フレッシュマッシュルームの
　　　　アンチョビガーリックオイルがけ　22, 24

[は]
バゲット→パン
バジル
　　　とろーりチーズとバジルのカツレツ　138, 141
　　　ペースト・ジェノヴェーゼ　217
パスタ
　　　魚介とキャベツソースのパンタッチェ　207, 209
　　　仔羊の煮込みソース 手打ちピチ　210, 212
　　　スパゲティ しらすのシチリア風　206, 208
　　　チキンとクリームチーズのラビオリ　211, 213
　　　トマトソーススパゲッティ つけ麺風　211, 213
　　　鶏レバーときのこのペンネ　207, 209
　　　とろとろ豚バラ肉ときゃべつのブカティーニ
　　　　エストラゴンの香り　206, 208
　　　フィデウア　199, 201
　　　ラビオリ生地　219
ハチミツ
　　　ゴルゴンゾーラとハチミツのピッツァ　65, 67
バーニャカウダソース
　　　産地直送 新鮮野菜のバーニャカウダソース　30, 32
　　　白ねぎのマリネ　31, 33
　　　バーニャカウダソース　217／220
葉ニンニク
　　　牛ハツのスモークと葉ニンニクのソテー　177, 179
パプリカ
　　　赤ピーマンのペペロナータ　12, 14

ガスパチョ　34, 36
ガスパチョ　海の幸を添えて　34, 36
季節の野菜とアンチョビクリームディップ　30, 32
仔羊と夏野菜の煮込みとクスクス　185, 187
産地直送 新鮮野菜のバーニャカウダソース　30, 32
ピクルス　221
ミックスコカ　68, 70
焼き野菜のマリネ　12, 14

ハマグリ
　はまぐりとホワイトアスパラの白ワイン蒸し　105, 107

パン
　カナッペ オリーブとアンチョビ　61, 63
　カナッペ ガーリックトースト　61, 63
　カナッペ ゴーダチーズとサラミ　61, 63
　カナッペ 生ハムとトマト　61, 63
　かにカマサラダのピンチョス　60, 62
　自家製ソーセージ　64, 66
　ズッキーニとベーコンのパニーノ　68, 69
　ソーセージのピンチョス　60, 62
　日本一のパンコントマテ　64, 66
　にんにくのスープ　39, 41
　パンコントマテ　64, 66
　パンのガレット　223
　ピーマンとアンチョビのピンチョス　60, 62

[ひ]
ピッツァ
　おつまみピッツァ カレー風味　65, 67
　おつまみピッツァ グァンチャーレ　65, 67
　オリーブとアンチョビのピッツァ　65, 67
　ゴルゴンゾーラとハチミツのピッツァ　65, 67
　ピッツァ生地　214
　ピッツァ シチリアーナ　68, 69

ピーマン
　仔羊と夏野菜の煮込みとクスクス　185, 187
　ピーマンとアンチョビのピンチョス　60, 62
　ミックスコカ　68, 70

姫竹
　焼きヒメダケ＆焼きヤングコーン　35, 37

ヒヨコ豆
　ハムス　57, 59
　ひよこ豆とソーセージのカレー風味チリビーンズ　43, 45
　ヒヨコ豆のサラダ　26, 27
　豆のサラダ　23, 25
　ミノの煮込み　150, 152

ヒラメ
　ヒラメのカルパッチョ　93, 95

ビール
　ウサギのビール煮込み　146, 148

[ふ]
ブイヨン
　魚介のブイヨン　223

クールブイヨン　214
鶏のブイヨン　215／216／220

フォカッチャ→パン
フォン
　フォン・ド・セルド　220
　フォン・ド・ヴォー　218
　フォン・ブラン　218

フォワグラ→鴨のフォワグラ
豚肉
　カネロニ　155, 157
　鴨のソーセージ　130, 132
　ガーリックライス　203, 205
　カレードリア　202, 204
　自家製ソーセージ　64, 66／130, 132
　自家製ローストポークのグリル
　　バーニャカウダソース　173, 175
　白インゲン豆と塩豚の煮込み　143, 145
　スペアリブのコンフィ 粒マスタードソース　181, 183
　スペイン風ミートボール　146, 148
　とろとろ豚バラ肉ときゃべつのブカティーニ
　　エストラゴンの香り　206, 208
　とろーりチーズとバジルのカツレツ　138, 141
　とん平焼き　73, 75
　豚バラ肉の煮込み　222
　ポキート煮込み　147, 149
　松坂豚の炭火ロースト　173, 175
　マッシュポテトと挽肉のグラタン　80, 81
　目玉のオヤジ　155, 157
　モルーノ　134, 136
　ゆっくり焼いたローストポーク　127, 129
　吉田豚と鶏白レバーのパテ　131, 133
　吉田豚ロース炭火焼き　173, 175

豚耳、豚足、豚タン
　豚耳のプランチャ　135, 137
　ポキート煮込み　147, 149
　ミノの煮込み　150, 152

フュメ
　フュメ・ド・ポワソン　215／220

ブラバスソース
　小いものフリット ブラバスソース添え　76, 78
　ブラバスソース　217

ブリ
　エスカベッシュ　97, 99

ブロッコリー
　季節の野菜とアンチョビクリームディップ　30, 32

ブロード
　うまみブロード　217
　魚のブロード　214
　鶏のブロード　219

[へ]
ベーコン
　ズッキーニとベーコンのパニーノ　68, 69
　ナツメヤシのベーコン巻き　17, 19

ベシャメルソース
    カニのクレープ包み　100, 102
    カネロニ　155, 157
    生ハムコロッケ　77, 79
    ベシャメルソース　223

[ほ]
ホウレン草
    サルシッチャ・ホウレン草・
      リコッタチーズのロートロ　17, 19
    ホウレン草のソテー　217
ホタテ貝
    アボカドと魚介のサラダ　26, 28
    ガスパチョ 海の幸を添えて　34, 36
    魚介とキャベツソースのパンタッチェ　207, 209
    魚介のサルピコン　96, 98
ホタルイカ→イカ
ホワイトアスパラガス
    塩だらとホワイトアスパラのサルサヴェルデ　169, 170
    はまぐりとホワイトアスパラの白ワイン蒸し　105, 107
    ほたるいかと春野菜のサラダ　26, 27
    ホワイトアスパラのガスパチョマリネ　31, 33

[ま]
マグロ
    魚介のパエリア　198, 200
    マグロ、アボカド、トマトのわさび揚げ　108, 110
    マグロのアラ炭火焼き　109, 111
    マグロのカマのロースト　169, 171
    マグロの生ハム　96, 98
マーシュ
    あぶり上ミノとハーブのサラダ　26, 28
マヨネーズ
    アンチョビポテト　13, 15
    コールスロー　22, 24
    山うどと鶏肉 クミン風味のマヨネーズあえ　16, 18
    ロシア風ポテトサラダ　22, 24
マリナーラソース
    アサリのマリナーラ風　104, 106
    マリナーラソース　219
マルサラ酒
    和牛タンの煮込み マルサラワインソース　184, 186
マンボウの腸
    マンボウのトリッパ　113, 115

[み]
ミノ→牛内臓
ミョウガ
    ピクルス　221

[む]
ムール貝
    魚介とキャベツソースのパンタッチェ　207, 209
    魚介のパエリア　198, 200
    ムール貝の怒りん坊風　104, 106

[め]
メヒカリ
    フリットミックス　108, 110

[や]
ヤーコン
    根菜のピクルス　30, 32
山イモ
    ピクルス　221
山ウド
    山うどと鶏肉 クミン風味のマヨネーズあえ　16, 18
ヤングコーン
    季節の野菜とアンチョビクリームディップ　30, 32
    焼きヒメダケ＆焼きヤングコーン　35, 37

[ら]
ラディッシュ
    産地直送 新鮮野菜のバーニャカウダソース　30, 32
ラム酒
    シャラン鴨のグリル フォワグラの香り
      キューバリブレのソース　177, 179
    ドライいちじくのラム酒漬け　12, 14

[り]
リンゴ
    アンディーブのサラダ　23, 25

[る]
ルーコラ
    あぶり上ミノとハーブのサラダ　26, 28
    セルバチコサラダ　22, 24

[れ]
レンコン
    根菜のピクルス　30, 32
レンズ豆
    ポキート煮込み　147, 149
    レンズマメのパエジャ　198, 200

[ろ]
ロメインレタス
    産地直送 新鮮野菜のバーニャカウダソース　30, 32

トーキョーバル
進化するバル・バールのメニューとデザイン

初版発行……2011年9月30日
5版発行……2014年2月20日

著者©………柴田書店
発行者………土肥大介
発行所………株式会社 柴田書店
　　　　　　東京都文京区湯島3-26-9 イヤサカビル
　　　　　　〒113-8477
　　　　　　電話　営業部　03-5816-8282（注文・問合せ）
　　　　　　　　　書籍編集部　03-5816-8260
　　　　　　URL　http://www.shibatashoten.co.jp
印刷・製本…図書印刷株式会社

本書収録内容の無断掲載・複写（コピー）・引用・データ配信等の行為は固く禁じます。
落丁、乱丁本はお取り替えいたします。

ISBN978-4-388-06128-0
Printed in Japan